Image
and
Symbol

이미지와 상징

송태현 지음

라이트하우스

목 차

● **이미지**

I. 이미지의 힘과 범위 ∗ **7**

II. 이미지의 기원 및 어원 ∗ **15**

III. 이미지파괴주의(성상파괴주의) : 이미지에 대한 서구의 박해 ∗ **21**
   1. 플라톤의 이미지관 ∗ **22**
   2. 헤브라이즘의 이미지관 ∗ **30**
   3. 끝없는 이미지 논쟁 ∗ **38**

IV. 이미지 시대의 도래 : 구술 문화에서 전자 영상 문화까지 ∗ **41**
   1. 구술에서 문자로 ∗ **43**
   2. 필사에서 활판 인쇄로 ∗ **46**
   3. 활자에서 전자 영상 매체로 ∗ **51**

V. 전자 영상 매체 시대의 문화사적 의의 ∗ **55**
   1. 이미지의 복권(復權) ∗ **55**
   2. 이성의 우위에서 감성의 우위로 ∗ **58**

VI. 활자 문화와 이미지 문화 ∗ 61
   1. 활자 매체는 폐기되어야 하는가? ∗ 61
   2. 전자 영상 매체의 독소(毒素) ∗ 63

VII. 이미지 시대의 문화를 위하여 ∗ 69

• **상징**

I. 과학적 사고와 상징적 사고 ∗ 79

II. 보들레르와 상징 ∗ 85
   1. 보들레르의 시 세계와 상징 ∗ 85
   2. 상징, 알레고리, 유추, 상응 ∗ 92

III. 융의 상징 ∗ 103
   1. 원형과 상징 ∗ 103
   2. 상징의 정의 ∗ 107
   3. 상징, 알레고리, 기호 ∗ 109
   4. 상징의 기능 ∗ 112

IV. 상징의 창조와 해석을 위하여 ∗ 115

참고문헌 ∗ 141

이 미 지

상 징

I. 이미지의 힘과 범위

　　어느 중국 황제가 궁정 화가에게 궁궐에 그 화가가 그린 벽화를 지우라고 명령했다고 한다. 그 벽화 속의 물소리로 인해 자신이 잠을 설친다는 것이다. 그림은 말이 없다. 아무리 장엄한 폭포 그림이라 할지라도 그림 속에서 물소리가 날 리 없다. 더욱이 밤에는 폭포수가 보이지도 않을 터인데……. 이 에피소드[1]는 우리에게 '이미지의 힘'을 보여준다. 이미지는 우리의 상상력을 불러일으키고 또한 우리를 사로잡는다. 황제는 그림 속의 물을 보면서 마음의 귀로 물소리를 듣곤 했을 것이다. 어느 듯 벽화만 떠올려도 물소리가 들렸을 것이고, 나중에는 벽화를 떠올리지 않아도 물소리가 들렸을 것이다.

'백 조각으로 찢겨 죽는 형벌'을 당하는 중국인 죄수

조르주 바타이유(George Bataille)는 1905년 중국의 북경에서 한 중죄수가 '백 조각으로 찢겨 죽는 형벌'을 당하던 광경을 찍은 사진 한 장을, 언제든 원할 때마다 볼 수 있도록 자신의 책상에 두고서 이를 평생 간직했다고 한다.2) 이 중국인은 이미 양쪽 팔이 잘린 상태이고, 양쪽 가슴에 살점들이 처참하게 뜯겨나가고 피가 주룩주룩 흘러내리고 있다. 살점이 이미 도려내진 허벅지 아래 무릎 부분을 형 집행인이 톱으로 자르고 있다. 이러한 처형 가운데서 죄수의 눈은 하늘을 향하고 있다. 자신의 마지막 저서인 『에로스의 눈물』에서 바타이유는 그 사진에 대해 이렇게 말한다. "이 사진은 내 삶에서 결정적인 역할을 했다. 황홀하기 그지없으면서도 차마 눈뜨고 볼 수 없는 이 이미지, 고통의 광경을 담은 이 이미지는 평생 나를 사로잡았다."[3]

백문불여일견(百聞不如一見)이라는 말이 있다. 각각의 매체가 그러하듯이 언어(구어)에도 힘과 아울러 한계가 있고, 그 한계를 이미지가 보충해줄 때가 있다. 전혀 경험해보지 못한 낯선 것에 대해 설명할 때 특히 그러하다. 백 번 듣는 것보다 직접 한 번 보는 게 나은 법이다. 문자와 이미지 관계 역시 마찬가지다. 문자는 이미지가 제공할 수 없는 고유한 요소를 지니고 있는 것이 사실이다. 하지만 이미지 역시 문자가 지니지 못한 독특한 점을 지니고 있다. 그리고 이미지가 문자보다 강렬한 효과를 드러낼 때가 종종 있다. 어느 연구 조사팀의 추정에 따르면 담뱃갑에 그냥 경고문만 써 놓는 것보다 "발작으로 피가 뭉친 뇌, 손상된 심장이나 격렬한 치주(齒周) 통증으로 피를 토하는 입 같은 충격적인 사진"을 곁들여 실으면 흡연자들이 담배를 끊을 가능성이 60배나 더 높아지리라고 한다.[4]

오늘날 일반에서 이미지라는 용어로써 망라하는 영역은 실로 광범위하다. 그림, 판화, 조각, 지도, 사진, 영화, 텔레비전 화면, 비디오(혹은 DVD) 화면, 인터넷 화면, CCTV

화면 등 이 모든 것을 포함하고 있다. 이러한 회화적 이미지 이외에도 심적(정신적) 이미지, 언어적 이미지, 지각적 이미지 등의 이미지가 존재한다. 이렇듯 복잡다단한 이미지의 세계에 적절한 계통을 세워볼 수는 없을까? 미첼(W. J. T. Mitchell)이 제시한 계통도는 이미지의 다양한 갈래들에 대해 체계적으로 이해하는 데 도움을 준다.[5]

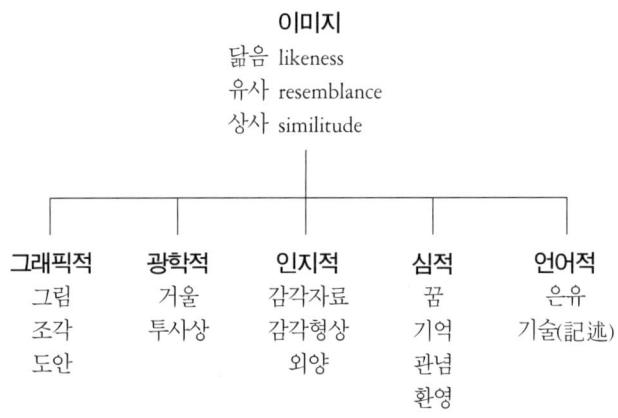

여기서 미첼은 각각의 이미지 계통을 중점적으로 다루는 학문을 연결시킨다. 심적 이미지는 심리학과 인식론에, 광학적 이미지는 물리학에, 그래픽적·조각적·건축학 이미지는 미술사에게 언어적 이미지는 문학비평에 배속시킨다. 한편 지각적 이미지는 생리학자, 신경학자, 심리학자, 미술사가, 광학연구자들이 철학자와 문학비평가가 함께 작업할 수 있는 경계영역으로 배속시킨다. 물론 이러한 식의 학문영역 배열은 전통적인 학문 구획화에 따른 것이다. 학제간 혹은 다학문간의 연구가 일반화되고 있는 오늘날에는 얼마든지 학문 간의 상호침투가 가능하다. 철학자가 시나 그림에 대해서, 사회학자가 건축에 대해 얼마든지 논의할 수 있는 것이다. 미첼도 이러한 배열이 어디까지나 "각 학문의 언설에서 중심적인 위치를 차지하는 이미지 유형"임을 인정하고 있다.

앞에서 우리는 이미지의 영역이 매우 광범위하다고 말했다. 그런데 다른 한편으로 이미지는 제한된 의미에서 사용되고 있다. 이미지는 거의 시각적 이미지와 동의어가 되어 있으며, 다른 감각들과 관련되어 있는 이미지는 배제되어 있기 때문이다. 사실상 이미지에는 시각적 이미지 이외에 청각, 후각, 미각, 촉각 등 다른 감각의 이미지도 존재한다. 오늘날의 이미지는 시각적인 요소가 지배적이다. 심지어 문학 이미지 경우에도 마찬가지이다. 하지만 이는 이미지를 매우 제한시킨 것이며, 이로 인해 문학 작품을 감상할 때 오해가 생겨날 수도 있다. 가령 구약성경 『아가서』에 나타나 있는 사랑하는 이의 신체에 대한 묘사를 살펴보자.

네 입술은 홍색실 같고

네 입은 어여쁘고
너울 속의 네 뺨은 석류 한 쪽 같구나
네 목은 군기(軍器)를 두려고 건축한 다윗의 망대(望臺)
곧 일천 방패, 용사의 모든 방패가 달린 망대 같고
네 두 유방(乳房)은
백합화 가운데서 꼴을 먹는 쌍태 노루새끼 같구나
(4:3-5)

사랑하는 여인의 뺨이 석류로, 목이 망대로, 그리고 유방이 쌍태 노루새끼로 비유되었을 때 그 어느 경우도 시각적인 비유가 아니다. 만일 시각적인 이미지로 받아들인다면 이 비유들은 아름다움과는 거리가 먼 것이다. 뺨을 석류에 비유한 것은 석류의 향기와 맛을 연상시키기 위한 것이다. 그리고 목을 망대(보만에 의하면 이것은 전쟁을 위한 방어진지[防禦陣地]이다)에 비유한 것은 '쉽게 접근할 수 없는 기품'을 나타내기 위해서이다. 8장10절에서는 유방도 망대에 비유한다. 이것은 '순결한 처녀의 접근 불가능성'을 나타내준다. 그리고 유방이 노루새끼 같다고 한 것 역시 시각적인 것이 아니라 촉각적인 것이다. 히브리적 상상력은 토를라이프 보만(Thorleif Boman)과 진 비스(Gene Edward Veith, Jr.)가 지적하듯이 시각적이기보다는 오히려 다양한 감각과 관련되며 '폭넓은 연상 작용과 느낌에 호소'한다.[6]

그러나 오늘날 이미지는 거의 시각적 이미지와 동일시되어 있다. 여기에는 두 가지 이유가 있는 것으로 보인다. 첫째, 현대(서구)의 이미지관은 헤브라이즘적 요소보다는 시각에 각별한 위치를 부여한 그리스적 사유를 계승한 것이다. "서구 예술은 궁극적으로 그리스인들에게서 유래되었다. [...] 그리스인들과 마찬가지로 우리 중 대부분은 '……와 같아 보이는' 예술(art that "looks like something")을 선호한다. 그리스 예술에 수반되는 이념들과 전제들의 총체, 그리고 우리 자신의 사고와 상상의 방식 가운데 많은 부분이 이 전통에서 비롯된 것이다."[7] 둘째, 이는 이미지 전송기구 혹은 영상 미디어의 눈부신 발전에 힘입은 것이다. 현대를 '이미지 문명의 시대'로 규정할 때, 이 이미지는 주로 시각적 이미지와 관련되어 있다. 여기서는 긍정적이건 부정적이건 간에 시각에 특권을 부여하는 현실을 인정하고서 이 글의 논의도 시각적 이미지를 중심으로 다루기로 한다.

II. 이미지의 기원 및 어원

 인류의 태초에 이미지가 있었다. 태초에 언어도 있었다. 언어와 이미지 가운데 무엇이 먼저인지는 분명하지 않다. 그런데 태초에 있었던 인류의 언어는 그것을 전달했던 매질인 공기와 함께 사라져 버렸다. 그 시절엔 녹음장치가 없었던 것이다. 하지만 석기 시대 인류의 이미지는 살아남아 있다. 라스코 동굴 벽화, 알타미라 동굴 벽화는 아직도 그 자태를 간직하고 있다. (인류의 시초부터 존재해온) 이미지의 기원을 추적해온 학자들은 이미지가 마술(이는 프랑스어로 magie인데, image와 애너그램을 형성하고 있다) 혹은 종교와 관련을 맺고 있으며, '죽음'에 대한 관념과 긴밀히 결부되어 있음을 지적한다.

『이미지의 삶과 죽음』의 저자인 레지스 드브레(Régis Debray)는 기원전 3만년경의 오리냐크 기의 유물과, 이집트 고왕국의 지하분묘들과 멤피스의 석실분묘들을 비롯하여, 그리스-로마를 거쳐 중세와 르네상스의 유물들을 관찰한 후 다음과 같은 결론을 내린다. "예술이 장례에서 태어나며, 죽음의 재촉에 따라, 죽음 직후에 재탄생한다는 것은 분명한 사실이다. 무덤의 대한 경의는 여기저기에서 조형적 상상력에 활기를 주고, 거물들의 묘소는 최초의 박물관들이었으며, 또 고인들 자신이 최초의 수집가들이었다."8) 인류의 초창기를 장식했던 숱한 이미지들은 결국 죽음과 밀접한 관계가 있었던 것이다.

바타이유에 의하면, 인간은 아주 먼 옛날부터 "죽음에 대한 전율적 인식"을 지니고 있었다. "죽음에 대한 고뇌에 찬 인식을 알려주는 가장 오래된 무덤들"은 전기 구석기 시대부터 있었고, 이미 이 시대의 인간에게 "죽음은 너무도 무겁고 너무도 분명한 의미를 띠고 있었기에, 그 인간은 오늘날의 우리처럼 가족의 시체에 무덤을 만들어주었던 것이다".9) 예술은 이렇듯 죽음에 대한 인식에서 출발했다. 드브레는 다음과 같이 말한다. "우리의 최초의 예술품은 이집트의 미이라이다. 시체가 작품이 된 것이다. 그리고 우리의 최초의 화폭은 콥트 파의 채색 수의였다. 우리의 최초의 박물관 종사

자는 시체 방부 처리자였고, '장식미술'의 첫 번째 작품은 유골을 담는 용기, 장례용 토기, 유골 단지, 큰 술잔이나 보석 상자였다."10)

여기서 우리는 모든 예술의 본질이 죽음과의 투쟁이라고 말한 앙드레 말로(André Malraux)를 떠올린다. 말로에게 예술은, 죽음으로 향해 가는 시간의 흐름에도 불구하고 영원히 예술가의 영혼을 이어가게 하는 수단인 것이다. 질베르 뒤랑(Gilbert Durand)도 인간의 상상력이 결국은 죽음과의 싸움이라고 하지 않았던가? 이미지는 죽음과 시간 앞에서 느끼는 불안을 형체화한 것이다. 상상력, 즉 이미지화 작용은 결국 시간에 대한 해독제(antidote du temps)인 것이다. 주위에 있는 인간들의 죽음을 경험하면서 인간은 언젠가 자신도 죽는다는 사실, 그리고 인간이란 죽음을 향해 나아가는 존재라는 사실을 깨닫는다. 유한한 인간의 한계에 직면한 것이다. 그 한계에 부딪힌 인간은 절망한다. 그러나 인간의 위대함은 절망에 그치지 않고 죽음을 혹은 죽음에 대한 공포를 극복하려고 노력하는 데 있다. 드브레는 고대 그리스 세계의 이미지에 대해 이렇게 말한다 : "당시의 이미지는 삶의 승리를 입증하는 것이었겠지만, 죽음을 정복한 승리요, 죽음을 통해 가치를 인정받은 승리이다."11)

현실의 인간은 늙고 병들고 죽는다. 그리고 시신은 점

차 썩어간다. 죽음과 썩음, 변화와 생성(devenir, becoming)이라는 부정적인 현실에 맞서 인간은 불변과 존재(être, being)를 추구한다. 고대인은 이미 헤라클레이토스적인 변화를 넘어 파르메니데스적인 불변을 추구했던 것이다. 인간은 이러한 육신의 죽음에 대해 이미지에 의한 불멸로 맞선 것이다.

인간은 자신이 덧없는 존재임을, 인생이 덧없음을 잘 안다. 그 덧없음을 깨닫고서 괴로워하는 자는 흘러가는 것을 어디엔가 남겨두려 한다. 그리하여 그는 자신과 관련된 부분을 그림으로, 조각상으로 담는다. 후일 충분히 '문명화'된 인간은 사진으로, 영화로 담는다. 이러한 의식은 서구인에게 특히 강했던 것 같다. 드브레는 이렇게 말한다. "서구인에게는 자신의 이미지가 만들어지는 것이 최상의 사건이 되는 것인데, 왜냐하면 그의 이미지가 자신의 최상의 부분이기 때문이다. 이미지는 안전한 곳에 놓여 보호받는 자아이기 때문이다. 이미지를 통해 산 자는 죽은 자를 이해한다. 악마들과 지하 묘소의 부패된 시신은(그리스도교의 경우) 이미지가 그들보다 더 강함을 알게 된다. '진정한 생명'은 허구적 이미지 속에 존재하는 것이지, 현실의 신체 속에 있지 않다."[12]

과연 이미지라는 용어는 죽음과 밀접하게 관련되어 있다.[13] 이미지의 직접적인 어원인 이마고(imago)는 유령 혹은 밀랍으로 된 조상의 초상화이며, 현관홀이나 장례 입구에 놓

아두었던 죽은 자의 마스크로서 이는 죽은 자의 세계와 살아 있는 자의 세계 사이에서 물리적이고 지표적인 끈이다. 베르낭(Jean-Pierre Vernant)에 의하면 고대 그리스어에서 이미지는 꿈속의 이미지, 신이 불러낸 환영, 고인의 귀신을 포괄하는 의미를 지닌다. 이미지와 관련된 서구의 용어들도 죽음과 관련되어 있다. 피구라(figura)는 귀신을 의미하며, 우상(idole)은 에이돌론(eidôlon)에서 유래했는데 이는 원래 사자의 망령과 유령을 뜻했다. 기호라는 말의 기원인 세마(séma)는 묘석을 의미하며, 재현(representation)은 장례 의식을 위해 검은 포장이 덮인 텅 빈 관으로서 중세기의 장례식에서 고인을 대신하는, 빚어져 채색된 형상을 지칭하던 것이다.

III. 이미지파괴주의(성상파괴주의) :
   이미지에 대한 서구의 박해

　　이미지는 서구에서 정당하게 평가받지 못했다. 서구 정신의 두 기둥인 헬레니즘과 헤브라이즘 양 진영에서 이미지는 박해받아 왔기 때문이다. 헬레니즘 사상에서 가장 중요한 인물인 플라톤이 이미지를 평가 절하하였음은 잘 알려져 있다. 헤브라이즘에서도 이미지는 금기시되었다. 유대인들은 십계명의 제2계명을 이미지 제작을 금하는 명령으로 판단하였고, 적잖은 비잔틴의 황제들과 신학자들 그리고 개신교 신자들이 이미지파괴 대열에 동참하였기 때문이다. 우선 플라톤의 이미지관을 살펴보고, 이어서 모세 십계명의 제2계명과 관련된 성경의 이미지관을 고찰하기로 하자.

1. 플라톤의 이미지관

예술에 관한 한 플라톤은 서구에서 악명 높은 철학자이다. 그는 자신의 이상 국가에서 예술가를 추방했다고 알려져 있다. 이로 인해 그는 예술의 적으로 간주되어 왔다. 흔히 사람들은 "모방은 나쁘다, 모든 예술은 모방적이다, 그러므로 모든 예술은 나쁘다"라는 삼단논법이 플라톤에게서 유래한 것으로 생각한다.14) 이러한 편견은 오래된 것이며 동시에 뿌리 깊은 것이다. 콜링우드(R. G. Collingwood)도 자신이 그러한 '거의 보편화된 죄'에 동참했음을 고백한다. 사실 플라톤에 대한 이러한 비난은 정당하지 않다. 그 비난은 플라톤의 예술 사상을 총체적으로 파악한 뒤에 내린 판단이 아니라 부분적인 이해에서, 그리고 저명한 학자들이 플라톤에 대해 내린 일방적인 판단을 무비판적으로 수용한 결과로 탄생한

플라톤

것이다.

문학과 예술 진영에서 플라톤에 대해 매우 부정적으로 생각하게 된 것은 특히 『국가』 제10권을 통해서이다. 여기서 플라톤은 '세 개의 침상' 이야기를 통해 '모방(mimēsis, imitation)'에 대해 논하고 있다.[15]

> "그러니까 이들 세 가지의 침상이 있게 되었네. 그 하나는 그 본질(본성 : physis)에 있어서 침상인 것으로서, 이는, 내가 생각하기로는, 신이 만드는 것이라고 우리가 말할 그런 것일세. 아니면 다른 누가 만들겠는가?"
> "저는 다른 누구도 아니라고 생각합니다."
> "다른 하나는 목수가 만드는 것일세."
> "네." 그가 대답했다.
> "또 다른 하나는 화가가 만드는 것이네. 안 그런가?"
> "그렇다고 하죠."
> "그래서 화가, 침상 제작자, 신, 이들 셋이 세 종류의 침상을 관할하는 자들일세."
> […]
> "자네는 우리가 신을 그것[침상]의 '본질 창조자'(phytourgos)라든가 또는 그와 같은 이름으로 부르기를 바라는가?"
> "그야 어쨌든 옳은 일입니다. 신은 이것이나 다른 모든 걸 진정 그 본질에 있어서 만들었으니까요." 그가 대답했다.

"목수는 어떤가? 그는 침상의 장인(dēmiurgos)이 아닌가?"
"그렇습니다."
"화가도 그런 것의 장인이며 제작자(poiētēs)인가?"
"전혀 아닙니다."
"그러면 자네는 그를 침상의 뭐라 말할 건가?"
"제가 생각하기엔 이게 그를 부르기에 제일 적절한 것 같습니다. 저 장인들이 만드는 것의 '모방자'라고 말씀입니다." 그가 말했네.

침상에는 신이 만든 '침상 그 자체(본질적인 침상, 침상의 이데아)', 목수 혹은 장인이 만드는 구체적인 침상, 그리고 화가가 만든(그린) 침상 등 세 가지 종류가 있다. 신이 만든 침상의 이데아를 모방하여 목수는 인간이 누울 수 있는 침상을 만든다. 화가는 목수가 만든 그 침상을 모방하여 그림을 그린다. 따라서 화가의 작업은 모방에 대한 모방으로서, 진리의 면에서 판단할 때 목수보다 한 단계 더 멀어져 있는 것이다. 그런데 플라톤은 비극작가(시인)도 화가와 동일한 반열에 위치시킨다. 비극시인도 화가와 마찬가지로 실재(to on)에서 세 단계나 떨어져 있다고 주장한다. 그러한 모방자들은 자신이 모방한 것에 대해 제대로 알지 못하며, 또한 모방이란 게 진지한 것이 못 된다고 작중인물인 소크라테스는 주장한다.

플라톤은 '시인 추방론'으로 알려져 있는 유명한 구절에서 이렇게 말한다. "진리에 비해 변변찮은 것들을 제작함으로써 그[모방적인 시인]도 화가와 같으며, 혼의 최선의 부분이 아닌 같은 수준의 (변변찮은) 부분과 함께 지냄으로써, 이 점에서 닮게 되네. 이래서, 훌륭하게 다스려질 나라에 그를 받아들이지 않는 게 이제 정당하게 되었는데, 이는 그가 이 부분을 일깨워 키우고 강화함으로써 헤아리는(이성적인) 부분(to logistikon)을 파멸시키기 때문일세."16) 이러한 논변을 근거로 해서 사람들은 플라톤이 시를 모방에 대한 모방으로 보았으며, 시인을 자신의 유토피아 밖으로 추방했다고 주장한다.17) 그러나 사실상 플라톤은 모든 시가 재현적인 것이라고 간주하지 않았고 모든 시를 비판한 것도 아니다. 동일한 『국가』 제10권에서도 플라톤은 "신들에 대한 찬가들과 훌륭한 사람에 대한 찬양들"은 이상 국가에 받아들인다.18) 플라톤 사상을 『대화록』 전반을 통해 고찰한 학자들에 따르면 플라톤의 비판은 어디까지나 모방적인 시에 대한 것이지, 시 일반을 향한 것은 아니다. 『파이드로스』에서 플라톤은 시를 무사이(뮤즈)신들로부터 받은 영감이라고 기술하고 있다.19) 무사이신의 영감을 받은 시는 모방과는 전혀 무관한 것이다. 플라톤은 영감 받은 시와 기능적인 시를 뚜렷이 구별하였다. 이데아의 그림자를 모방하며 틀에 박힌 기술만을 활용하는 시인이 있는 반면에 무사이신들에게 영감을 받은 광기(mania) 어린 시인도 존재하는 것이다. 그리고 그는 영감 받은 시에 우월성을 부여하였다. 영감 없이 기술에만 의지하는 시인의 시가 단순히 감각적인 실재의 재생에 불과한 것이라면, 신적인 영감에 의한 시는 이데아 존재에 대한 선천적인 인식이다. 플라톤은 모방적인 시를 비판하기 위해, 이를 모방에 대한 모방에 불과한 회화의 수준으로 끌어내린 것이다.

그런데 플라톤은 시인에게서와는 달리 화가에게서는 모방적인 화가와 영감을 받은 화가를 구분하지 않았다. 그가 창조성을 말하긴 했지만 이는 어디까지나 시인과만 관련되었다. 그는 화가나 조각가는 무사이신들에게 선택되어 영감을 부여받는 창조자일 수가 없다고 생각했다. 플라톤의 이러한 관점으로 인해 결국 회화와 화가는 하찮은 지위밖에 차지할 수 없었다.[20]

『국가』의 제10권에서 실재(이데아)와 얼마나 떨어져 있느냐, 라는 차원에서 이미지를 논의했다면, 『소피스테스』에서는 모방의 기술이라는 차원에서 이미지를 논하고 있다. 여기서 플라톤은 두 종류의 모방(기술)을 이야기하고 있다. 하나는 "모사물을 만드는 기술(une technique qui consiste à faire des copies)"이고 다른 하나는 "닮아보이는 것(유사영상)

을 만드는 기술(une technique qui produit des illusions)"이다.21) 여기서 '닮아보이는 것'이란 닮아보이지만 실제로 닮은 것은 아니다.

"내가 그것 안에서 본 하나의 기술은 '모사물을 만드는 기술'(eikastikē)이네. 그런데 이것은 주로 누군가가 길이, 면, 깊이에서 원형(본, paradeigma)과 같은 비율에 따라서, 그리고 이것들 외에도 각각의 부분들에 어울리는 색깔을 부여함으로써 모방물의 생성을 보게 할 경우에 성립하네."
"한데 다음은 어떤가요? 무엇을 모방하는 사람은 누구든 이것을 하려 들지 않는가요?"
"적어도 하나의 큰 작품을 조각하거나 만드는 사람이면 누구든 그렇게 하려 들지 않네. 왜냐하면 만일 그들이 아름다운 것들의 참된 비율(symmetria)을 재현하려 했다면, 자네는 윗부분이 우리에 의해 멀리서 보이되 아랫부분은 가까이에서 보이기에 앞엣것은 정도이하로 작아보이지만 뒤엣것은 그 이상으로 커보인다는 것을 알기 때문이네."
"그야 물론이죠."
"그러니까 장인(匠人, dēmiourgos)들은 진상(to alēthes)을 도외시한 채, 있는 그대로의 비율들이 아니라 아름다워 보이는 비율들을 영상들에 구현할 테지?"
"그렇고말고요."
"그러므로 다른 하나는 [원형과] 닮아보이므로 모사물(eikōn)로 부르는 것이 옳지 않을까?"

"그렇습니다."

"그리고 모방술 가운데서도 이를 위한 부분을 앞서 말했듯 '모사물을 만드는 기술'로 불러야만 하겠지?"

"그렇게 불러야죠."

"다음은 어떤가? 바로 아름다운 곳에서 보지 않기 때문에 아름다운 것과 닮아보이긴 하지만 만일 누군가가 그만큼 큰 것들을 능히 볼 수 있는 능력을 얻은 경우. 그가 그것과 닮았다고 하는 것과 닮지 않은 것을 우리는 무어라 불러야 할까? 그러니까 그게 닮아보이지만 실제로 닮은 것이 아니라면, 우리는 그걸 '닮아보이는 것'(유사영상, phantasma)으로 불러야 할까?"

"그럼요."

"그렇다면 이 부분은 그림에서도 모방술 전체에서도 매우 흔하지 않은가?"

"물론이죠."

"그러니까 닮은 것(모사물)이 아니라 '닮아보이는 것'(유상영상)을 만드는 기술을 우리는 의당 '그런 것을 만드는 기술'(phantastikē)로 불러야 하지 않을까?"

"그렇고말고요."

"나는 이것들을 두고 영상제작술의 두 종류, 즉 '모상(模像)을 만드는 기술'과 '닮아보이는 것을 만드는 기술'이라 했네."[22]

플라톤의 논지에 따르면 우선 원형(본)이 있고, 목수와 같은 제작자는 원형을 토대로 하나의 이미지를 만드는데, 그것을 플라톤은 모사물(eikōn: image-copie)이라 부른다. 조각가나 화가 같은 예술가는 모사물을 모방하여 이미지를 만든다. 플라톤은 이것을 유사영상(phantasma: image-illusion)이라 부른다. 유사영상은 모방에 대한 모방이니만큼 매우 열등한 것이다. 따라서 우리는 여기서도 화가나 조각가의 이미지에 대한 플라톤의 부정적이고 경멸적인 태도를 확인할 수 있다.

플라톤의 제자인 아리스토텔레스는 시와 시각예술을 동일한 반열에 두어 논의했다. 이는 그가 영감에 의한 시적 창조를 거부했기 때문이다. 스승이 구분한 두 종류의 시 가운데 아리스토텔레스는 '영감에 의한 시'를 부인하고 '모방에 의한 시'만 인정한 것이다. 시와 시각예술의 위계질서가 무너지긴 했으나, 이는 "시각예술이 시의 단계로 격상된 것이 아니라, 시가 시각예술의 단계로 격하된 것이다".[23] 아리스토텔레스는 시도 회화와 마찬가지로 모방이며, 시인이나 화가 모두가 모방자라고 본 것이다. 하지만 그는 시 혹은 미술 작품을 통해 실재를 재생함으로써 시인이나 화가가 쾌감(즐거움)을 제공한다는 점은 인정했다는 점에서 플라톤보다는 시각예술에 우호적이라고 판단할 수 있다.[24]

2. 헤브라이즘의 이미지관

구약성경을 통해 유대인들이 지녀온 이미지관은 십계명의 제2계명과 밀접하게 연관되어 있다. "너를 위하여 새긴 우상을 만들지 말고 또 위로 하늘에 있는 것이나 아래로 땅에 있는 것이나 땅 아래 물속에 있는 것의 아무 형상이든지 만들지 말며 그것들에게 절하지 말며 그것들을 섬기지 말라"는 「출애굽기」 20장의 구절을 유대인들은 이미지 제작 자체에 대한 금지로 해석해 온 것이다. 이방 신들에 대한 이미지화가 우상숭배로 여겨져 금지되었을 뿐 아니라, 이스라엘의 하느님에 대한 이미지화 역시 엄격하게 금지되었다. 그러나 구약 시대에도 이미지는 존재했다. 본토를 넘어 각지로 흩어진 디아스포라 유대인들은 장식적 예술과 형상적 예술을 어느 정도 사용하였던 것이다.[25] 기독교는 이미지에 대한 반감을 유대교로부터 물려받았다. 하지만 그들에게도 이미지는 존재했다. 후일 신약 시대 이후에(2세기 중반 이후) 기독교의 지하 교회들과 세례 장소들의 벽에 이미지들이 그려지기 시작하였다.[26] 물론 이 경우에도 하느님 자체에 대한 이미지는 없었지만, 그리스도에 대한 표상이 카타콤베에서 등장했다.

여러 신학자들이 기독교 이콘 예술에 우려와 반대를 표시했다. 터툴리안, 이레네우스, 알렉산드리아의 클레멘트 같은 교부들도 회화 미술의 위험에 대해 언급하였다.27) 특히 영지주의에 대해 체계적인 반박을 시도한 이레네우스는 영지주의자들이 예수의 이미지를 플라톤이나 피타고라스 같은 철학자들의 이미지들 가운데 세웠음을 지적하였다. 예수의 이미지도 미신이나 우상숭배와 종종 결부되곤 했다. 알렉산드로스 세베루스 황제는 예수의 이미지를 아브라함이나 오르페우스 같은 자신의 가정 신들을 모신 신단에 나란히 두기도 했다고 한다. 가이사리아의 유세비우스는 그리스도의 신성의 표상 불가능성에 기초하여 그에 대한 어떠한 예술적 표현도 거부하였다. 비록 일부의 교부들이 이미지의 가치와 이미지의 교육적 유용성을 옹호하였으나 대세는 성상파괴적이었다.

306년에 개최된 엘비라(현재는 스페인의 그라나다) 공의회는 교회에서 어떠한 그림도 없어야 한다는 점을 만장일치로 통과시켰다. "이미지에 대한 반대는 8세기와 9세기 비잔틴 황제들과 주교들 대부분의 지지를 받은 성상파괴 운동에 와서 그 절정에 이른다."28)

원래 교회는 하나였다. 11세기에 와서(1054년) 동방의 그리스 정교와 서방의 로마 가톨릭으로 결정적으로 분리되었는데, 이는 8세기 이래로 불거진 '성상숭배(聖像崇拜)'의 문제에서 비롯된 것이다. 종교에서 회화와 조각의 이미지를 철저히 배척한 이슬람의 영향을 받은 비잔틴의 황제 레오 3세는 성상숭배를 강력히 반대하였고, 725년부터 서서히 준비하기 시작하여 730년에 모든 성당의 종교미술을 제거할 것을 명하는 성상제거 칙령을 공포하였다. 그 결과 수도승과 평민들이 종교 반란을 일으켰으나 황제는 군대를 동원해 그의 칙령을 시행하였다. 당시 칙령에 반대했던 콘스탄티노플 주교는 사형되기까지 했다. 로마 교황 그레고리 2세도 그 칙령에 반발했고, 그는 오히려 성상 반대자를 파문하였다. 이로써 동서교회 사이의 관계가 단절되었다.

동방 교회의 이콘

레오의 칙령을 반대한 당대의 성직자들은 — 다마스쿠스의 요한은 그 대표적인 인물로서 성상숭배의 신학적 근거를 제시한 신학자다 — 성상이 신적 권위의 매개체라는 것을 부인하는 것이야말로 그리스도가 인간의 모습으로 나타난 신의 계시라는 사실, 즉 성육신을 반대하는 것이라고 보았다[29]. 이러한 반발 속에서 754년에 콘스탄티누스 5세가 소집한 콘스탄티노플 공의회는 모든 사람들로 하여금 어떤 형상에도 예배하지 않을 것을 서약하게 했다. 하지만 이러한 성상타파 결정은 후일 번복을 거듭하였다.[30] 787년 니케아 공의회에서 이레네 여황(女皇)은 성상이 예배의 대상은 아니지만 그에 대한 경의는 그 표현되는 주체에 돌아간다고 함으로써 성상을 인정했다. 그 후 832년에 가서 또 다시 성상의 금지가 공포되었고, 843년에 열린 공의회에서는 성상을 인정한 니케아의 결정을 부활시켰다. 이와 같은 소용돌이를 겪은 후 동방 정교는 결국 성상을 인정하게 되었고 그 전통은 오늘날까지 계속 이어지고 있다.

성상애호자들과 성상파괴자들 간의 투쟁은 16세기 종교개혁 때에 재현되었다. 가톨릭교회는 그림과 조각을 통해 보이지 않는 세계를 가시화(可視化)함으로써 신자들의 신앙생활에 도움을 받도록 하였다. 문자를 해독할 수 있는 사람이 많지 않았던 시대에 이미지는 어떤 의미에서 신앙의 중요한 전달 수단이기도 했다. 하지만 이미지는 쉽게 '부적(talisman)'이나 '기적을 일으키는 물품(objet miraculeux)'으로 남용될 소지가 있었다.31). 성화와 성상이 미신과 우상숭배로 결부된 위험을 보았던 츠빙글리(Zwingli)나 장 칼뱅(Jean Calvin) 등 개혁자들은 교회 내에서 화상(畵像)의 사용을 금하였다. 이들의 영향을 받은 개신교 신자들은 이들보다 철저한 성상파괴주의자가 되어 개신교는 흔히 성상파괴주의로 알려지게 되었다.

사실상 칼뱅32)이나 츠빙글리가 이미지와 조형예술 자체에 대해서 부정적이었던 것은 아니다. 단지 정당하지 않은 사용, 다시 말해 우상숭배라든지 하나님을 재현하고자 하는 시도라든지 이미지를 경배하는 일 등을 비판한 것이지 '그림과 조각에 대한 정당하고 순수한 사용'은 인정하였다. 그렇긴 하지만 이미지의 남용을 바로잡고자 하는 개혁자들의 노력이 결과적으로 신앙생활에서 시각적인 이미지의 역할을 약화시켰음은 분명하다. 일반적으로 개혁자들은 시각보다는 청각을 중시하였다고 볼 수 있는데, 이들은 예배에서 이미지적인 성격을 지닌 세례와 성찬보다 설교(말씀 선포)를 강조하였으며, 기독교 예술에서도 종교음악과 찬송시를 발전시킨 반면 조형예술은 경시하였던 것이다.

종교개혁자들이 본래 의도한바 이상으로 개신 교회는

이미지에 대해 부정적인 태도를 보여 왔고 이미지 문화를 경시해 왔다. 프랑스의 개신교 신자이며 사회학자인 자크 엘륄(Jacques Ellul)의 다음과 같은 말은 '언어 숭배'와 '이미지 경멸'을 단적으로 보여 준다. "하나님의 말씀을 가시화함으로써 마술, 미신, 우상숭배, 이교주의 그리고 다신교를 초래하였다……33)"

그런데 앞에서 언급한 십계명의 제2계명은 과연 기독교 미술, 나아가서 기독교 영상 예술을 정죄하는 말씀인가? 사실 이 계명을 조형 예술을 금하는 내용으로 해석하는 일부의 전통으로 인해 개신교는 영상 교육과 시각 미술을 등한시해 왔다. 그런데 이는 과연 타당한 해석인가? 성경 전체의 가르침과 맥락을 고려한다면 성경이 이미지 제작 자체를 금한다고 볼 수 없다.

프란시스 쉐퍼(Francis A. Schaeffer)34)가 『예술과 성경』에서 지적하듯이, 하나님은 모세에게 십계명을 주시는 동시에 조형예술의 형식으로 성막(聖幕)을 꾸미도록 명령하셨으며, 또한 성신(聖神)이 다윗에게 가르치신 식양(式樣)대로 솔로몬이 건축한 성전 역시 예술작품으로 가득 채워야 했다. 쉐퍼를 비롯한 연구자들의 설명을 길잡이로 삼아 우선 성막의 경우를 살펴보자.

출애굽기 25장에서 여호와 하나님은 지성소의 속죄소에 대해 다음과 같이 명령하셨다. "금으로 그룹 둘을 속죄소 두 끝에 쳐서 만들되 [...] 그룹들은 그 날개를 높이 펴서 그 날개로 속죄소를 덮으며 그 얼굴을 서로 대하여 속죄소를 향하게 하고"(18, 20절). 즉 날개 달린 천상의 피조물인 그룹들(cherubim)의 조상(彫像)을 만들라고 하신 것이다. 이어서 하나님은 꽃 모양으로 장식된 등대(lampstand)를 만들라고 명령하신다. "너는 정금으로 등대를 쳐서 만들되 그 밑판과 줄기와 잔과 꽃받침과 꽃을 한 덩이로 연하게 하고 가지 여섯을 등대 곁에서 나오게 하되 그 세 가지는 이편으로 나오고 그 세 가지는 저편으로 나오게 하며 이편 가지에 살구꽃 형상의 가지 셋과 꽃받침과 꽃이 있게 하여 등대에서 나온 여섯 가지를 같게 할지며"(31-33절). 또한 28장에서는 성막에서 하나님을 섬기는 제사장들이 입을 거룩한 옷에 석류로 수를 놓도록 명령하신다. "그 옷 가장자리로 돌아가며 청색 자색 홍색실로 석류를 수놓고 금방울을 간격하여 달되"(33절).

역대하 3장에 기록된 내용을 보면, 솔로몬 성전의 벽에는 그룹들이 아로새겨져(carve) 있고, 그 지성소 안에는 두 그룹의 형상이 새겨져(sculpture) 있다. 그리고 성전 앞의 두 기둥머리에는 석류 일백 개를 만들어 사슬을 달게 하였다. 이어서 4장에서는 부어 만든 바다(the Sea of cast metal)가 묘사

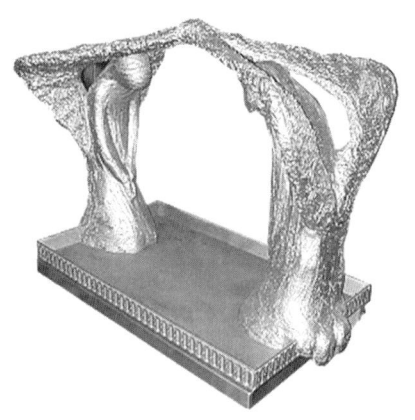

그룹(cherubim) : 언약궤 위의 그룹들

되어 있고, 바다의 가장자리 아래에는 소(bulls) 형상들이 받치고 있다. 또한 제사장들이 씻기 위해 만든 그 바다의 가(rim)는 백합화의 식양으로 만들었다.

    만일 하나님이 십계명을 통해서 조각을 금하셨다면, 당신이 금하신 내용을 당신의 종들에게 행하라고 명령하셨다고 볼 수 있을까? 성막과 성전에 천상의 피조물(그룹)과 동식물(살구꽃, 백합화, 소), 그리고 바다의 형상을 만들라고 하신 말씀을 비추어볼 때 십계명의 제2계명은 조형예술 자체를 금하시는 말씀이 아니라 피조물의 형상을 만들어 신(神)으로 섬기는 것을 금하신 내용임에 분명하다[35]. 실제로 당시 이방

민족들은 그러한 피조물들의 형상을 제작해서 그들의 신으로 삼고 경배를 드렸던 것이다.

이미지의 제작은 허용하되 그에 대한 경배는 금하는 좋은 예가 바로 놋뱀이다.36) 많은 이스라엘 백성들이 광야에서 불뱀들에게 물려 죽게 되자 하나님은 "불뱀을 만들어 장대 위에 달라"(민 21:8)고 명령하셨다. 이에 모세가 놋뱀을 만들어 장대 위에 달았고, 뱀에게 물린 자들이 그 놋뱀을 쳐다보고 살았다. 예수는 이 놋뱀을 당신의 십자가 사건의 예표로 사용하기까지 하셨다. "모세가 광야에서 뱀을 든 것 같이 인자도 들려야 하리니 이는 저를 믿는 자마다 영생을 얻게 하려 함이라."(요 3:14-15) 그런데 이스라엘 백성들이 이 놋뱀을 우상화하여 섬겼을 때, 구체적으로 말해서 놋뱀을 향해 분향했을 때, "여호와 보시기에 정직히 행한" 히스기야는 그것을 부수어 버렸다(왕하 18:4).

3. 끝없는 이미지 논쟁

이상에서 보았듯이 헬레니즘을 대표하는 플라톤의 『대화록』과 헤브라이즘 등 서구 사상의 두 축 모두에서 이미지에 대해서 부정적인 입장을 견지해왔다. 물론 이미지에 대해

극단적으로 부정적인 견해는 후대 사상가들 혹은 현실 문화 속에서 어느 정도 완화되었다. 시각 예술의 이미지에 대한 플라톤의 매우 부정적인 관점은 그 제자인 아리스토텔레스에 의해 어느 정도 긍정적인 측면이 부여됨으로써 수정되었다. 필로스트라투스(Philostratus, 165-249)에 이르면 이미지는 진리의 예술이라는 지위까지 누리게 된다. 그림은 모방(mimēsis)과 상상력(phantasia)이 연결되어 있는 것이기에 진리의 예술이라는 것이다. 이 작가는 그림을 사랑하지 않는 것은 진실을 사랑하지 않는 것이라고까지 말한다.[37] 물론 필로스트라투스의 견해가 후대에 큰 영향을 미치진 못했다. 그리고 유대교의 엄격한 이미지파괴주의는 동방정교, 서방의 가톨릭에 의해 계승되기도 했으나 또 다른 한편으론 극복되기도 했다. 서방의 가톨릭은 최소한 성화(聖畵)에 대해서는 변함없이 긍정적이었으며, 동방정교는 여러 차례의 번복을 통해 결국 성화를 인정하였으며 오히려 가장 상징성이 풍부한 이콘을 발전시켜 왔다. 문제는 개신교인데 초창기의 개신교가 가톨릭에 대해 이미지파괴주의적인 태도로 임한 것은 사실이지만, 오늘날에는 이미지에 대해 그리고 이콘에 대해 새로운 신학적 반성이 일어나고 있는 것 역시 사실이다.[38]

'이미지 시대' 혹은 '이미지 문명의 시대'를 구가하는 오늘날에도 이미지파괴 사상은 여전히 존재한다. 일반적으로는 이미지 제작자들이 이미지에 대해 긍정적이라면, 학자들은 이미지에 대해 긍정적인 그리고 부정적인 입장을 취하는 양 진영으로 나뉘어 있다고 할 수 있다. 특히 하이데거와 마르크스주의에 영향을 받은 학자는 이미지에 대해 그리고 현대의 이미지 매체에 대해 부정적인 입장을 강하게 표출하는 편이다. 성상파괴논쟁 당시에 이콘을 좋아하는 사람(iconophiles)과 이콘을 파괴하는 자(iconoclasts) 사이에 일어났던 투쟁은 오늘날에도 계속된다. 이전에는 이콘을 둘러싸고 논쟁을 벌였다면 오늘날은 텔레비전이나 인터넷의 이미지를 중심으로 논쟁을 벌인다. 즉 전자 영상 매체가 논쟁의 핵심이 되어 있는 것이다.

전자 영상 시대의 문화사적 의의는 무엇이며, 이미지 문명 시대에 전통적인 활자 문화에 대해서는 어떤 관계를 유지해야 할지, 그리고 이미지 시대의 문화를 위한 제안을 하기 전에 우선 인류 역사의 커뮤니케이션 매체의 발달사를 추적해보는 작업이 필요하다.

IV. 이미지 시대의 도래 :
구술 문화에서 전자 영상 문화까지

　오늘날 우리는 커뮤니케이션 양식에서 혁명적인 변화가 일어나고 있음을 목도하고 있다. 전통적인 인쇄 매체가 주도권을 상실해 가는 반면에 전자 영상 매체가 점점 위세를 떨치고 있다. 이로 인해 활자 매체에 토대를 둔 문학이 위기에 처하게 되었다는 진단이 종종 나왔다. 나아가 영상 매체의 발흥은 독서능력의 감퇴를 초래해 결국은 인문학의 위기로 이어진다는 지적도 있었다. 일찍이 1960년대 초에 캐나다의 문명 비평가인 마샬 맥루한(Marshall McLuhan)이 『미디어의 이해』(1964)라는 저서에서 활자 매체의 죽음을 선언한 바 있음은 잘 알려져 있다. 오늘날 전자 매체의 비약적인 발전과 함께 '맥루한 르네상스'가 거론되면서 학계에서는 맥루

한을 다시 주목하고 있고, 그의 주장을 심각한 고려의 대상으로 삼고 있다.39)

이러한 혁명적인 변화가 함축하는 문화적·인식론적 의미는 무엇인가? 우리는 이 변화를 어떻게 보아야 하며 이 변화에 어떻게 대처해야 하나? 이러한 질문들에 대해 고찰해 보는 것은 매우 중요한 일이다. 맥루한이나 그의 후계자들처럼 지배적인 매체의 변화가 정신구조나 사회구조상의 제반 변화를 수반한다는 주장(이른바 '매체 결정론'이라고 흔히 명명하는 것)을 우리가 그대로 따를 필요는 없을지라도, 매체의 변화가 단순히 커뮤니케이션의 형식과 수단의 변화에 불과한 것은 아니다. 분명 '미디어는 메시지다(the medium is the message)'40)라는 맥루한의 주장은 음미할 가치가 있는 말이다.

위에서 제기한 질문들을 효과적으로 다루기 위해서는 우선 인류 역사에서 커뮤니케이션 매체가 어떻게 발전해 왔는지를 개관해 보는 작업이 필요하다. 매체의 진보에 따라 문화사를 대별해 보면 다음의 네 단계로 정리할 수 있다.41)

a. 구술(口述) 문화
b. 문자(필사) 문화
c. 활자 문화

d. 전자 영상 매체 문화

 이는 곧 인류 역사에 세 차례에 걸친 커뮤니케이션 혁명이 일어났음을 의미한다. 첫째는 말하기에서 글쓰기로, 둘째는 필사(筆寫)에서 인쇄로, 셋째는 활자에서 전자 매체로 이행한 것이 바로 그 요소들이다. 하나의 매체가 새로이 등장하면 초창기에는 거부되기도 하지만 점차적으로 수용되면서 이전의 매체와 병행하다가 마침내 기존의 매체를 압도해 버린다.

1. 구술에서 문자로

 역사에 알려진 최초의 문자는 기원전 3500년경에 메소포타미아의 수메르 인들이 발전시킨 설형(楔形)문자이다. 기원전 10세기경에 와서 표음문자인 페니키아 문자가 발명되었고, 이는 그리스 알파벳과 로마 문자를 비롯해 오늘날 서구에서 사용되고 있는 문자의 기원이 되었다. 플라톤은 구술에서 문자로 이행되던 시기에 구술성과 문자성에 대해 철학적 성찰을 행한 대표적인 인물이다. 그의 대화록 『파이드로스』를 보면 플라톤은 말을 가치 있게 여겼고 문자는 부정적

설형문자: 길가메쉬 서사시

으로 간주했음을 알 수 있다.42) 기억을 보충해 준다는 구실 아래 문자는 결국 망각을 조장하게 된다는 것이다. 또한 작중 인물인 소크라테스는 진리와 문자를 명확히 구분했으며, 문필가를 진리에 대한 헌신이 없는 사람으로 보았다. 그리고 그는 파이드로스가 가져온 기록된 텍스트를 치료제이자 독이며 축복이자 저주인 '파르마콘(pharmakon)'에 비유하였다.

비록 플라톤이 의식적으로는 문자에 대해 부정적이었을지라도, 아이러니컬하게 그 자신은 글쓰기로써 20여 편에

달하는 방대한 『대화록』을 남긴 철학자다. 뿐만 아니라 그는 『국가』에서 구술 시대의 꽃이라고 할 수 있는 음유 시인을 그의 이상 국가에서 추방했다. 이는 에릭 해블록(Eric A. Havelock)[43]과 월터 옹(Walter J. Ong)[44]이 지적하는 대로 무의식적인 수준에서나마 플라톤은 기존의 구술 문화와 깊은 대립관계를 유지했고, 쓰기에 의해 형성된 새로운 인식의 세계에 자신이 속해 있다고 느꼈기 때문인지도 모른다. 해블록은 고대 그리스인들이 더 이상 호메로스와 같은 음유 시인들의 이야기에 많은 관심을 가지기보다는 새로운 커뮤니케이션 테크놀로지인 알파벳을 내면화함으로써 추상적이고 분석적인 사유를 행하게 되었고 그 결과 철학을 발전시켰다고 주장한다. 월터 옹은 아리스토텔레스의 논리학으로 대표되는 희랍의 형식논리가 발전한 것도 알파벳이 내면화되면서 시작된 것이라고 한다.[45] 또한 월터 옹에 의하면, 쓰기는 인간의 내면세계로 눈을 돌리게 함으로써 불교, 유대교, 이슬람교 같은 위대한 종교들을 가능하게 하였고, 이들 종교들의 경전을 형성시켰다.[46] 맥루한도 그리스인이 알파벳 문자를 내면화한 이후에 예술과 과학에서 새로운 발명을 하였음을 기술하고 있다.[47]

문자가 발명되고 글쓰기가 내면화되면서 철학과 소위 '고등 종교'들이 발전하고 인간의 사유 체계가 크게 변화하기 시작한 것은 분명하지만, 필사 시대에 문자의 혜택을(혹은 저주를) 누린 사람은 귀족이나 성직자 같은 엘리트층에 국한되었다. 게다가 필사라는 테크놀로지는 제작과 유통이라는 측면에서 극히 제한적일 수밖에 없었다. 중산층과 대중이 문자와 서적의 혜택을 누리고, 이로써 구술 문화 단계를 벗어나 본격적인 문자 문화를 맞이하기 위해서는 활자 인쇄라는 새로운 테크놀로지의 발명을 기다려야 했다.

2. 필사에서 활판 인쇄로

필사본과 활판 인쇄 사이에는 목판 인쇄가 존재한다. 하지만 목판인쇄는 기술적인 제약이 많아 서적의 보급과 문자 교육의 확대에 획기적인 기여는 하지 못했다. 서양에서 이 역할들을 담당하게 될 금속 활자 인쇄는 15세기 중엽에 독일의 구텐베르크(Gutenberg)에 의해 발명되었다. 그는 1455년경에 『구텐베르크 성서』라 불리는 『42행 성서』를 출간했는데 이는 서양 최초의 금속활자본이다. 물론 금속활자는 서양에 앞서 극동 지역에서 먼저 발명되었다. 『구텐베르크 성서』보다 200년 전에 이미 한국에서 (고려 고종 21년: 서기 1234년) 『고금상정예문(古今詳定禮文)』이 금속활자

로 인쇄되었다는 기록이 이규보(1168~1241)의 『동국이상

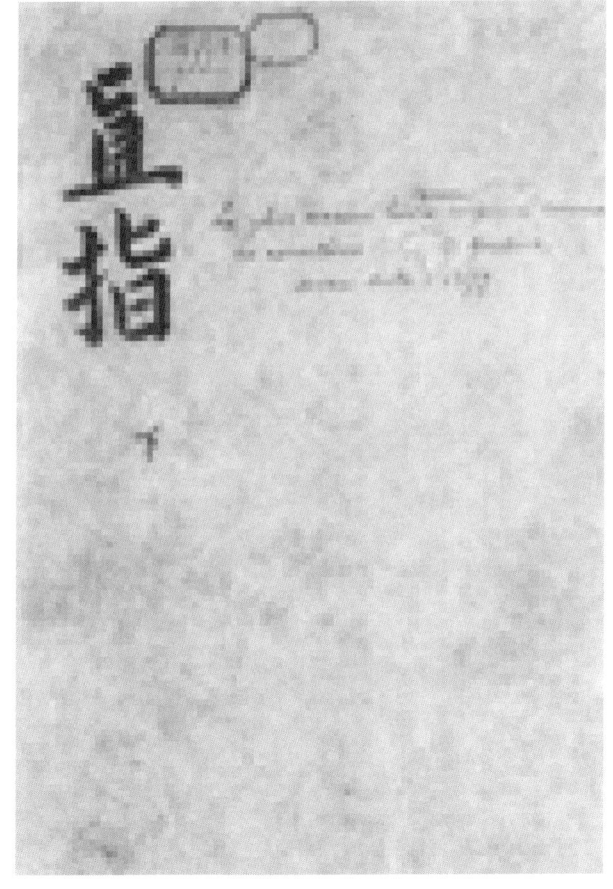

직지심체요절

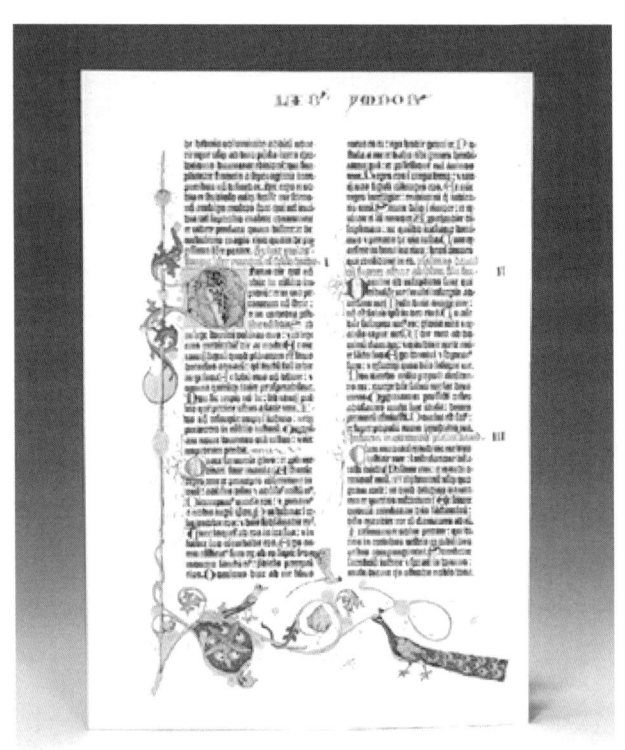

구텐베르크 42행 성서

국집(東國李相國集)』에 전하고 있는데, 불행히도 그 인쇄본은 보존되어 있지 않다. 현존하는 최고(最古)의 금속활자 인쇄본은 고려 우왕 3(1377) 년에 청주의 흥덕사(興德寺)에서 찍어낸『직지심체요절(直指心體要節)』로서 이것은 현재

프랑스 파리 국립도서관에 소장되어 있다.

한국에서 이루어진 인쇄 혁명이 한국과, 나아가서 동아시아와 세계에 어떠한 정신구조와 사회구조상의 변혁을 초래했는지는 잘 알 수 없다. 분명한 것은 구텐베르크의 금속활자 발명이 서양과 세계에 가져온 엄청난 변혁과는 비교될 수 없다는 사실이다. 우리는 우리 조상들이 금속활자의 발명을 우리나라와 동아시아 문명의 비약적인 발전과 근대 시민사회 형성으로 연결시키지 못한 데 대해 유감스럽게 생각하지만, 다른 한편으로 이 사실은 단지 (미디어) 테크놀로지의 진보만으로 사상이나 종교 그리고 사회 제반의 변혁을 이루어낼 수 없음을 보여 준다. 금속활자가 발명은 되었지만 이것이 고려 사회의 지배적인 혹은 보편적인 매체로 확산되지는 못했다. 즉 금속활자는 고려인들의 사고와 행동 방식을 결정할 만큼 강력하게 자리 잡지는 못했다. 구텐베르크가 이룩한 인쇄술 혁명이 세계문명사에서 큰 지위를 차지하게 된 것은 그것이 르네상스와 종교개혁과 연결되어 있었기 때문에 가능해진 것이다. 르네상스에서 시작된 예술과 학문 그리고 사회적인 변혁의 물결을 구텐베르크의 인쇄술이 종교개혁으로까지 이어 주었기에 '구텐베르크의 은하계'가 인류 역사에서 큰 상징적인 의미를 지니게 된 것이다.

가톨릭교회는 초기에 인쇄혁명을 두려워하여 책을 금

하고 불태우는 등 활자 문화를 억압한 반면, 개신교는 커뮤니케이션의 기술혁신에 발맞추어 신앙을 혁신적인 방식으로 전달해 왔다. 교리서를 비롯한 서적을 적극 활용함으로써 신앙 교육 방법에 전환을 맞이하게 된 것이다. 1517년과 1520년 사이에 마르틴 루터의 책들과 소책자들이 30만 부 이상 팔렸다고 한다.48) 1529년에는 루터의 『작은 교리서(Kleiner Katechismus)』가 출간되었는데, 이 책은 그 후 40년 동안 백만 부가 인쇄되었다.49) 한편 1554년 출간된 카니시우스의 교리서는 그가 죽은 해인 1597년 233쇄가 출판되었다고 한다.50) 무엇보다도 인쇄혁명은 성경의 보급을 확대시켰다. 더 이상 라틴어 성경 『불가타(Vulgata)』만을 유일한 성경으로 받아들이지 않고 자국(自國) 언어로 성경을 번역하여 민중들이 직접 읽을 수 있기를 열망한 종교개혁자들의 시도를 인쇄술의 발전이 현실화시켜 주었다. '만인 제사장' 사상의 확산에 활자 인쇄가 날개를 달아 준 셈이었다. "인쇄술은 하나님이 내리신 최고의 은총이며, 그로부터 복음사업이 추진된다."51)는 루터의 말은 종교개혁과 인쇄 매체 사이의 밀접한 관계를 잘 대변해 준다.

3. 활자에서 전자 영상 매체로

사진의 발명자 니엡스

구텐베르크의 인쇄 혁명이 있은 지 약 400년이 지나 새로운 매체 혁명이 일어나게 된다. 프랑스의 니엡스(Niepce, 1826)와 다게르(Daguerre, 1839)에 의해 사진이 발명되고, 이어서 미국의 모스(Morce, 1844)가 전신을 발명하기 시작하면서 19세기 중반부터 전화·축음기·(무성) 영화 등 새로운 매체들이 등장하게 되었다. 20세기에 이르면 라디오·텔레비전·컴

영사기를 발명한 뤼미에르 형제

퓨터·인공위성 등 커뮤니케이션 매체의 눈부신 진보가 이루어진다. 오늘날에는 통신과 컴퓨터가 결합된 형태인 멀티미디어 혹은 뉴 미디어가 비약적으로 발전하고 있다.

구텐베르크 이후에 새로운 미디어의 발전은 너무나도 다양하고 복합한 양태로 전개되고 있기에, 이를 종합적으로 파악하는 일은 무모해 보인다. 하지만 이 시대의 가장 두드러진 매체는 전자 영상 매체라고 규정할 수 있을 것이다. 이는 문자를 중시하는 이전의 인쇄 매체와 뚜렷한 대비를 이룬다는 점에서도 그러하고, 또한 이른바 '신세대'라 불리는 젊은이들에게 가장 큰 영향을 미치고 있는 매체라는 점을 고려해도 그러하다. 과연 우리 시대를 살아가는 사람들은 텔레비전과 인터넷이 전달하는 전자 영상에 현저히 노출되어 있어, 이 매체들로부터 가장 큰 영향을 받고 있을 뿐 아니라 우리의 사고방식이 그로 인해 새로이 형성되어 가고 있음이 분명하다.[52]

구텐베르크 시대의 주된 매체는 서적이었고 문필가가 이 시대의 문화를 대표하는 존재였다면, 이제 상황은 많이 달라졌다. 문필가는 더 이상 이 시대의 문화를 주도하는 존재가 아니며, 오히려 대부분의 전업 '순수 문학' 작가들은 생계를 유지하기도 어려운 실정이다. 사람들은 책 앞에서보다 텔레비전 앞에서 더 많은 시간을 보내며, 청소년들은 부모나

교사에게서보다 텔레비전·비디오(혹은 DVD)·인터넷이 제공하는 전자 영상을 통해 더 많은 가르침을 받고 있다. 오늘날 청소년들이 가장 즐기는 취미 생활도 독서가 아니라 전자오락임은 두말할 것도 없다.

오늘날 전자 영상 매체와 무관하게 지낼 수 있는 현대인이란 존재하지 않는다. 이제는 활자 매체 중심의 전통적인 교육과 문화가 더 이상 젊은이들에게 효과적인 기능을 발휘하지 못하고 있으며, 그들이 가지는 관심의 초점은 점점 영상 매체 쪽으로 향하고 있다. 그렇다면 우리는 인쇄 매체가 더 이상 현대인에게 적합하지 않는 매체라고 판단하여 교육과 문화에서 전자 영상 매체를 적극적으로 활용해야 할 것인가? 아니면 영상 매체에게 주도권을 빼앗긴 사실을 현대인의 심각한 오류라고 판단하여 전자 영상 매체를 정죄하고 인쇄 매체만을 고집해야 하는가?

이 문제들에 직접 접근하기에 앞서 우리는 인쇄 매체에서 전자 영상 매체로, 비유적으로 말해 구텐베르크에서 맥루한으로 이행하는 것이 문화사적으로 어떤 의미를 지니는지에 대해 고찰해 보겠다. 연후에 이러한 문제의식 속에서 새로운 문화의 방향을 탐색하고자 한다. 먼저 이 이행의 의의를 문화사적인 맥락 속에서 고찰해 보자.

V. 전자 영상 매체 시대의 문화사적 의의

1. 이미지의 복권(復權)

　　프랑스의 철학자요 문화 인류학자인 질베르 뒤랑이 역설하듯이, 서구 사상은 존재론적으로 이미지(image)를, 심리학적으로는 상상력(imagination)의 기능을 평가 절하해 온 일관된 전통을 유지해 왔다.[53] 이미지는 학문의 세계에서 그 정당성을 인정받지 못하고 변방을 배회하는 수모를 당해 왔다. 그 이유는 무엇일까? 질베르 뒤랑은 주요한 두 가지 원인(遠因)으로서 기독교의 유일신(唯一神) 사상과, 소크라테스주의적인 진리 방법을 지적한다.[54] 첫째 원인은 구약성경(출애굽기20장)에 기록되어 있는 십계명 중 제2계명과 관련된 것이다. 신(神)으로 섬기기 위해 우상을 제작하는 것을 금하는 이 말씀은 그 본의(本意)를 넘어서서 기독교 역사 속에서 종종 확대 해석되어 왔다. 즉 많은 사람들이 이 구절을 통해 성경이 모든 이미지의 제작을 금하는 것으로, 그리고 이미지 자체에 대해 부정적인 입장을 견지하는 것으로 해석해 온 것이다. 이 점에 대해서 우리는 위에서 논의한 바 있다.

이 기독교적인 성상파괴주의(iconoclasme)에다 서구에서는 '참이냐 거짓이냐'만을 따지는 이원적 논리에 기초한 진리 방법이 결부된다. 참과 거짓으로 판단될 수 있는 명제만이 진리의 자격을 획득하고 그렇지 못한 경우는 진리의 논의에서 제외되는 것이다. 따라서 참과 거짓의 형식적 추론으로 환원될 수 없는 이미지는 애당초 진리의 영역 바깥으로 밀려날 수밖에 없었다.[55] 소크라테스, 플라톤, 그리고 특히 아리스토텔레스에 의해 확립된 이 진리 방법은 아리스토텔레스적인 이성주의를 적극 수용한 토마스 아퀴나스로 대표되는 중세 스콜라 학파에 의해 이어졌다. 이성만이 진리에 접근하는 유일한 방법이라고 믿은 대륙의 합리주의와, 경험적 사실만을 중시하는 영국의 경험주의, 그리고 19세기에 와서 발전한 실증주의, 과학주의, 역사주의 등 이들 모두가 그 진리 방법의 계승자들이다. 이들이 정통의 지위를 굳혀 온 서양의 사상계에서 이미지가 차지할 수 있는 지위란 하찮은 것에 불과하다.

이미지를 경시하고 경험적 사실과 이성적 관념을 중시해 온 서구에서는 과학과 기술이 타문명권에 비해 비대하게 발전하였고, 발전된 그 테크놀로지는 사진, 영화, 텔레비전, 비디오 등을 낳았으며, 그 결과 서구는 역설적으로 '이미지의 문명'을 이룩하게 되었다.56) 물론 아직도 인식의 역할에서 이미지를 본질적으로 불신하는 태도는 여전히 존재하고 있으며, 적잖은 학자들이 이미지에 대해 미심쩍은 눈길을 보내고 있는 것은 사실이다. 하지만 분명한 사실은 이미지의 역할을 긍정적으로 평가하든 부정적으로 평가하든 간에 우리 시대에 이미지는 커뮤니케이션 매체의 주된 요소로 자리 잡아 가고 있다는 점이다.

베르너 크뢰버 릴(Werner Kroeber-Riel)은 『영상 커뮤니케이션』에서 그 사실을 다음과 같이 확인해 준다. "사람들은 '읽기' 대신에 보기를 더 선호하고, 언어보다는 영상이 더 설득적이라고 생각한다. 특히 텔레비전 광고에서 이 새로운 경향은 더욱 뚜렷이 부각되고 있다. 1960년대 TV 광고에서는 언어적 설득 논리가 우위를 차지했고, 영상은 단지 언어로 표현된 메시지를 보조하는 역할을 하였다. 그 당시 텔레비전 광고는 인쇄된 광고를 원형으로 만들어졌다. 그러나 오늘날은 그 반대이다. 텔레비전 광고는 더 이상 언어적 표현에 의존하지 않고, 오히려 시각적이고 오락적인 표현이 강조된다.

여기서 언어는 점차적으로 영상의 보조 기능을 담당할 뿐이다."57) 잡지 광고에서도 문자 텍스트는 더 짧아지고 영상 위주로 변화해가며, 심지어는 라디오 뉴스에서조차 언어 사용의 파괴가 일어나고 있다고 한다.58) '이미지를 통한 커뮤니케이션'59) 교육은 이제 생략할 수 없는 커리큘럼이 되었다.

2. 이성의 우위에서 감성의 우위로

인쇄 매체 시대에는 구문과 이성적인 추론이 중요한 역할을 담당했다면, 전자 영상 매체 시대에는 상상력과 감성 그리고 심미안이 더 중요한 요소로 부상된다. 사실 인간에게 양자는 모두 필요하다. 그런데 서구에서는 문자 문명이 발전할수록 '이성적 동물'로서 인간을 지나치게 강조해 왔다. 이성주의의 정점(頂點) 혹은 '포화상태(saturation)'에서 그 동안 백안시해 온 측면들로 쏠리는 것은 자연스런 현상이다.

이러한 현상의 의미는 70년대 이래로 발전되어 온 신경생리학의 성과와 관련해서 고찰해 보면 더욱 분명해진다. 잘 알려진 대로 미국의 로저 스페리(Roger W. Sperry)는 인간의 뇌를 연구함으로써 인간에게 이분화(二分化)된 의식이 존재함을 발견하였다. 그는 "뇌의 내부세계를 통찰한 공로로"

1981년 노벨 의학 및 생리학 상을 수상하였다. 스페리와 그를 이은 연구자들은 뇌의 좌반구가 오른쪽 눈과 귀 그리고 오른쪽 손과 발에 연결되고, 반면에 뇌의 우반구는 왼쪽 기관에 연결되어 있다는 사실과 아울러 양쪽 뇌의 역할을 밝혀내었다. 좌뇌가 이성·논리·언어·지성·분석·개념·추상의 영역을 담당한다면, 우뇌는 감성·직관·시각·음악·본능·즉각적 측면을 제어한다는 것이다.60)

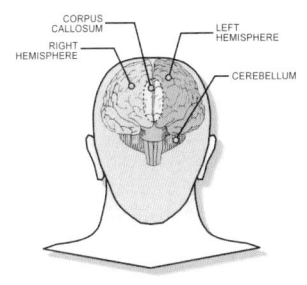

인간의 좌뇌와 우뇌

물론 인간의 대뇌를 확연하게 구획하기는 어려운 측면이 있기는 하다.61) 언어는 일반적으로 좌뇌가 관장하지만 어떤 언어활동은 우뇌와 관련되어 있다. 예를 들어 구어(口語)의 리듬이나 높낮이(modulation)라든가, 문장에 담겨있는 아이러니와 유머를 파악하는 데는 우뇌의 활동이 필수적인 것으로 보인다. 그리고 연구자들에 의하면, 여성의 경우 언어 활동에서 우뇌가 차지하는 비중이 남성의 경우보다 더 크다. 실어증(失語症)을 겪는 환자들 중에 여성이 남성보다 더 빨리 회복하는 것도 이와 무관하지 않다. 그리고 언어활동에서 왼손잡이는 오른손잡이보다는 우뇌를 더욱 많이 사용한다. 음악을 듣는 데도 일반인들이 우뇌를 주로 사용(멜로디에 대해 전체적으로 지각함)하는 데 반해, 음악인들은 멜로디의 요소들을 분석하고 멜로디를 음표로 옮겨보는 활동을 하는 등 좌뇌를 더 많이 사용한다고 한다. 하지만 좌뇌와 우뇌의 대체적인 구분은 오늘날에도 인정받고 있다. 글을 많이 쓰고 읽는 사람은 좌뇌가 우세하게 발달하는 반면, 영상 매체를 많이 접하는 사람은 우뇌가 우세를 보인다고 말할 수 있다. 오늘날의 세대 갈등의 핵심에는 구텐베르크적 인간과 맥루한적 인간 사이의 갈등이 놓여 있다. 인쇄 매체를 위주로 교육을 받은 구세대가 이성을 중시한다면, 영상 매체에 더 많은 영향을 받고 있는 신세대는 감성을 더 중시한다. 로고스에서 파토스로, 니체 식으로 말하자면 아폴론에서 디오니소스로 진행되는 이행은 우리가 간파하고 대처해야 할 이 '시대의 표적'임에 틀림없다.

VI. 활자 문화와 이미지 문화

　우리는 이제까지 영상 매체 시대의 도래와, 그 문화사적인 의의에 대해 고찰해 보았다. 이미지의 권리 회복과 함께 현대는 이미지의 문화를 이룩하게 되었고, 영상 매체는 우리 시대를 주도해 가고 있다. 그렇다면 우리는 활자 매체 중심의 교육과 문화에서 영상 매체 중심으로 옮겨가야 할 것인가?

1. 활자 매체는 폐기되어야 하는가?

　우선 맥루한이 선언한 활자 매체 종언은 과연 타당한 주장인지를 검토해야 한다. 만일 인쇄 매체가 진정으로 종언을 고하게 된다면 활자 매체에 연연해 할 필요는 없을 것이다. 그런데 사태는 맥루한의 예견대로 진행되지 않았다. 월터 옹이 지적하듯이 새로운 전자 매체는 오히려 활자 문화를 더욱 강화시키는 측면도 있기 때문이다. 월터 옹은 이렇게 말한다. "전자 장치들에 의해서 인쇄본이 조만간 없어지게 될 것이라고 말하기도 하지만, 실제로는 점점 더 많은 인쇄물이 생산되고 있다. 전자를 이용하여 테이프 녹음된 인터뷰는 수많은 '대화'본이나 '대화'기사를 만들어 낸다. 그러한 책이나 기사는 테이프 녹음이 가능하기 전까지는 결코 나타나지 않았던 것이다."62) 즉 "새 미디어가 옛 미디어를 보완"해 주기도 하는 것이다.

하나의 새로운 매체가 탄생한다고 해서 이전의 매체가 없어지지는 않는다.63) 문자가 발명되었다고 해서 말하기(구술) 자체가 없어진 것은 아니다. 말하기가 현대 문화에서도 필요한 요소임을 누가 부인할 수 있겠는가? 마찬가지로 영상 매체 시대가 온다고 해서 문자 문화가 사멸되지는 않을 것이다.64) 복잡한 추론과 논리, 그리고 깊이 있는 사색이 요구되는 토론을 위해서는 문자 매체에 의존할 수밖에 없기 때문이다. 활자 매체의 우위가 완화되는 것은 불가피할지라도 문자 문화 자체가 사라져서는 안 된다.

영상 매체는 만능이 아니다. 무성 영화 시절에 영상만

으로는 내용을 제대로 전달할 수 없는 요소들이 많았기에 자막을 사용하곤 했다. 오늘날의 발성 영화 경우에도 문자는 여전히 활용되고 있다. 가령 배용균 감독의「달마가 동쪽으로 간 까닭은?」에서 선불교의 핵심 내용을 문자로 설명하는 부분이라든지, 혹은 임권택 감독의「개벽」이나「취화선」에서 장황한 자막 설명이 나오는 것은 영상의 한계와 그에 따른 문자의 보완이 필요함을 보여주는 실례들이다. 하나의 새로운 매체의 등장은 이전 매체를 완전히 대체하지는 못한다.

문학에서 사용되는 모든 수사법 역시 영상 매체로 온전히 환원되지는 않는다.65) 구어를 문자화할 때 자연스런 일대일 대응관계가 성립할 수 있지만, 문자와 이미지 사이에는 많은 경우에 그러한 대응관계가 성립하지 않는다. 따라서 영상 매체 시대라 할지라도 문자 매체를 포기할 수는 없으며, 문자와 이미지(영상)는 상호 배타적이 아니라 상호 보완적인 관계로 발전해야 한다.

2. 전자 영상 매체의 독소(毒素)

각각의 매체는 모두 야누스적인 성격을 지닌다. 일찍이 소크라테스는 문자 텍스트를 치료제이자 독약인 파르마콘이라고 불렸다고 하지만, 사실은 모든 매체가 이와 같이 상호 모순적인 속성들을 지니고 있을 것이다. 인쇄술을 하나님이 내리신 은총이라고 찬양했던 루터는 "인쇄술의 파급이 피상적인 독서를 유발하여 결국은 성경의 진실과는 반대로 돌아서게 되지 않을까 염려했다."[66] 이미지가 복권되는 것은 바람직하지만 우리 사회가 온통 이미지 일색의 문화로 치닫는 것은 분명 위험하다. 오늘날 고삐 풀린 이미지의 질주는 우리를 두렵게 한다. 레지스 드브레가 염려했듯이 이미지 문화에도 그레샴의 법칙이 적용된다. 다시 말해 나쁜 이미지가 좋은 이미지를 구축(驅逐)하는 것이다. 특히 오늘날에 비약적으로 발전하고 있는 전자 영상 매체는 심각한 '독약'이 될 수 있다. 그 위험 요소들 중 세 가지만 지적해 보자.

첫째, 전자 영상은 '수동적인 소비자'의 창조적 상상력을 마비시킬 위험이 있다.[67] 우리는 이미지 자체가 문자에 비해서 쉽다거나 이미지 읽기 행위 자체가 수동적이라고 주장하는 것은 아니다. 마르틴 졸리(Martine Joly)가 비판하는 것처럼,[68] 사람들은 흔히 이미지를 비판하기 위해 쉬운 이미지와 어려운 문자 텍스트를 비교한다. 그러고선 이미지와 이미지 읽기는 쉬운 것이라고 말한다. 물론 우리는 이러한 방식으로 이미지를 폄하하고 싶은 생각은 없다. 이미지에 대한 문자 텍스트의 우위를 주장하는 사람일지라도 그 대부분은

피카소나 몬드리안 같은 모더니즘 미술 작품이 무엇을 의미하는지 이해하지 못할 것이다. 타르코프스키 감독의 「향수」나 「희생」 혹은 빔 벤더스 감독의 「베를린 천사의 시」는 소위 '본격 소설'만큼이나 '읽기'가 어렵다. 그런데 오늘날의 대표적인 매체인 전자 영상 매체는 동영상(動映像, image animée)이면서 또한 수많은 사람들이 동시에 시청하는 대중 매체이다. 대중 매체가 제공하는 동영상은 일반적으로 쉬운 이미지이며, 신속히 움직이는 이미지로서 우리가 미처 깊이 생각해 보기도 전에 화면을 옮겨 버린다.[69] 우리가 능동적으로 화면을 다스리기보다 우리의 시선은 화면에 의해 이끌려 다니기 쉽다. 또한 문학 작품을 감상할 때 우리가 문학 이미지를 통해 자유롭게 상상할 수 있지만, 영상으로 감상할 때는 일정하게 고정되어 우리에게 전달됨으로써 결과적으로는 우리의 자유로운 상상력이 발전되는 것을 막을 수 있다.[70]

둘째, 전자 영상은 단순한 시각예술상의 문제를 넘어 그 제작과 유포의 메커니즘에 권력과 자본이 깊이 침투해 있다. 배후에서 이미지를 지배하고 조종하는 익명의 권력가와 자본가의 음모에 무기력하게 당하기 쉽다.[71] 예를 들어, 미국의 NBC는 제너럴 일렉트릭의 소유이며, CBS는 웨스팅하우스의 소유이며, ABC는 디즈니의 소유이다.[72] 민영 방송이 그 소유주와 광고주의 영향으로부터 과연 자유로울 수 있겠는가? 공영방송의 경우에 사실상 공영성이 국영성과 혼동되리만큼 국가권력기관의 영향을 많이 받을 수 있다. 그리고 공영 방송에서도 상업 광고를 실시하기에 이 역시 광고주로부터 자유로울 수 없다. 유대인들에 의해 장악되어 있는 세계의 유수 통신사들이 이스라엘에게는 유리하게 그리고 아랍인들에게는 불리하게 보도하는 것도 매체의 속성상 자연스런 일이다. 시청자의 가치 판단은 미디어 측에서 편집한 혹은 조작한 이미지에 결정적인 영향을 받기 마련이다.[73]

셋째로 들 수 있는 위험 요소는 영상 매체가 제공하는 과도한 정보인데, 많은 경우 그것은 그리 중요한 내용이 아니며 그럼에도 불구하고 그것이 매우 자극적이기에 우리의 뇌리에서 중요한 정보들을 몰아내는 점이다. 우리가 많은 시간을 함께 보낸 영상 매체가 제공하는 수많은 광고 이미지, 뉴스 이미지, 연속극의 이미지 혹은 인터넷과 시디롬(CD-ROM) 이미지가 우리의 머리를 채우고 지배하기 때문이다. 과도하게 많은 이미지는 이미지 억압만큼이나 이미지 파괴적이다. 질베르 뒤랑은 이미지파괴에는 두 가지 종류가 있다고 보았다.[74] 하나는 이미지를 너무 적게 사용함으로써 혹은 이미지에 엄격한 태도를 취함으로써 이미지를 파괴하는 것이며, 다른 하나는 이미지를 과도하게 많이 사용하여 결과적으로 의미를 증발시켜 버림으로써 이미지를 파괴하는 것이다. 오늘날 '이미지 문명의 시대'에 우리가 목도하는 이미지 파괴는 과도한 이미지에 기인한다. 장 보드리야르(Jean Baudrillard)도 이미지파괴주의자(성상파괴주의자)를 보잘것없는 이미지를 범람시키는 자로 규정하고 있다.[75] 우리는 우리에게 엄청나게 제공되는 이미지를 소화해낼 역량이 없다. 제대로 분석하고 의미를 반추하고 비판할 여유를 가지기 전에 새로운 이미지 정보의 바다에서 허우적거리게 되는 것이다.

VII. 이미지 시대의 문화를 위하여

　이미지는 구술과 함께 최초의 의사 전달 수단이었다. 라스코나 알타미라의 동굴벽화, 혹은 울주 반구대의 암각화 등에서 보듯이 고대인들은 그림을 통해 자신의 생각을 표현해왔다. 문자가 발명된 이후에도 이미지는 여전히 사용되었다. 중세 때 이미지는 책을 읽을 수 없는 이들을 가르치고 선도하는 도구로 사용되어 왔다. 교회 벽화와 성당을 장식하는 많은 미술 작품들은 그러한 목적으로 제작되었다. "그림은 문맹자에게는 글과 같다"는 말은 이 시대의 상황을 대변하는 말이다.[76] 구텐베르크 이후 500년에 걸친 책의 지배를 거쳐 오늘날 우리는 이미지 전송 기구의 비약적인 발전에 힘입어 '이미지의 시대(l'ère de l'image)'를 맞이하게 되었다.

'이미지 문명'에 대해서는 현재 우려와 희망이 공존하는 상태이다. 자크 엘륄 · 장 보드리야르 · 닐 포스트만(Neil Postman) 등이 현금의 이미지 문명에 대해 심각하게 우려하는 입장을 보이는 학자들이라면, 마르틴 졸리 · 피에르 레비(Pierre Lévy),77) 다니엘 부뉴(Daniel Bougnoux)78) 같은 이들은 이미지에 대한 비관적 혹은 비판적 견해를 공유하지 않는다. 특히 피에르 레비는 이미지 문명에서 오히려 '새로운 르네상스'를 본다. 현재의 이미지 문화를 어떻게 보느냐에 따라 비관론과 낙관론이 엇갈리고 있는 것이다.

'이미지 폭발'은 이미 진행되고 있다. 이제 이미지는 자신의 권리 회복을 넘어 이 시대의 지배적인 매체로 등장하면서 그 부작용이 도처에서 드러나고 있음은 부인하기 힘들다. 그리고 그 부작용을 우려하고 고발하는 목소리에도 우리는 귀를 기울어야 한다. 이미지와 상상력의 복권에 평생을 바쳤던 질베르 뒤랑도 오늘날의 '비디오 폭발'이 인류를 위협하고 있음을 경고하고 있다.79)

하지만 영상 매체에 부작용이 있다고 해서 현대 세계에서 우리는 텔레비전과 인터넷 같은 매체를 외면하고 살 수는 없다. 한 개인은 영상 매체를 외면하고 살 수 있다. 작은 공동체도 어느 정도 그럴 수 있다. 펜실베이니아 주의 아미쉬다. 오늘날 '이미지 문명의 시대'에 우리가 목도하는 이미지 파괴는 과도한 이미지에 기인한다. 장 보드리야르(Jean Baudrillard)도 이미지파괴주의자(성상파괴주의자)를 보잘것없는 이미지를 범람시키는 자로 규정하고 있다.[75] 우리는 우리에게 엄청나게 제공되는 이미지를 소화해낼 역량이 없다. 제대로 분석하고 의미를 반추하고 비판할 여유를 가지기 전에 새로운 이미지 정보의 바다에서 허우적거리게 되는 것이다.

VII. 이미지 시대의 문화를 위하여

　　이미지는 구술과 함께 최초의 의사 전달 수단이었다. 라스코나 알타미라의 동굴벽화, 혹은 울주 반구대의 암각화 등에서 보듯이 고대인들은 그림을 통해 자신의 생각을 표현해왔다. 문자가 발명된 이후에도 이미지는 여전히 사용되었다. 중세 때 이미지는 책을 읽을 수 없는 이들을 가르치고 선도하는 도구로 사용되어 왔다. 교회 벽화와 성당을 장식하는 많은 미술 작품들은 그러한 목적으로 제작되었다. "그림은 문맹자에게는 글과 같다"는 말은 이 시대의 상황을 대변하는 말이다.[76] 구텐베르크 이후 500년에 걸친 책의 지배를 거쳐 오늘날 우리는 이미지 전송 기구의 비약적인 발전에 힘입어 '이미지의 시대(l'ère de l'image)'를 맞이하게 되었다.

'이미지 문명'에 대해서는 현재 우려와 희망이 공존하는 상태이다. 자크 엘륄・장 보드리야르・닐 포스트만(Neil Postman) 등이 현금의 이미지 문명에 대해 심각하게 우려하는 입장을 보이는 학자들이라면, 마르틴 졸리・피에르 레비(Pierre Lévy),77) 다니엘 부뉴(Daniel Bougnoux)78) 같은 이들은 이미지에 대한 비관적 혹은 비판적 견해를 공유하지 않는다. 특히 피에르 레비는 이미지 문명에서 오히려 '새로운 르네상스'를 본다. 현재의 이미지 문화를 어떻게 보느냐에 따라 비관론과 낙관론이 엇갈리고 있는 것이다.

'이미지 폭발'은 이미 진행되고 있다. 이제 이미지는 자신의 권리 회복을 넘어 이 시대의 지배적인 매체로 등장하면서 그 부작용이 도처에서 드러나고 있음은 부인하기 힘들다. 그리고 그 부작용을 우려하고 고발하는 목소리에도 우리는 귀를 기울어야 한다. 이미지와 상상력의 복권에 평생을 바쳤던 질베르 뒤랑도 오늘날의 '비디오 폭발'이 인류를 위협하고 있음을 경고하고 있다.79)

하지만 영상 매체에 부작용이 있다고 해서 현대 세계에서 우리는 텔레비전과 인터넷 같은 매체를 외면하고 살 수는 없다. 한 개인은 영상 매체를 외면하고 살 수 있다. 작은 공동체도 어느 정도 그럴 수 있다. 펜실베이니아 주의 아미쉬

(Amish) 공동체처럼 현대문명의 이기(利器)들과 영화와 사진 같은 이미지들을 금하는 공동체가 존재할 수 있다.80) 그러나 국가나 문명권의 차원에서 우리는 현대의 영상 매체를 금하는 공동체를 만들 수는 없다. 영상 매체와 함께 사는 것은 오늘날 불가피한 일이다. 그렇다면 우리는 영상 매체 자체를 무시해서는 안 되며 이를 직시해야 한다. 영상 매체 시

현대문명을 거부하고 전통적인 방식으로 살아가는 아미쉬

대에 문화를 일구는 작업은 영상 매체에 대한 성찰에서 출발해야 한다. 닐 포스트만의 말대로, "사용자가 매체의 위험성에 대해 알고 있다면 어떤 매체도 그다지 위험하지는 않기 때문이다."[81] 영상 매체에 심각한 문제가 있다면 과연 무엇이 문제인지를 철저히 그리고 체계적으로 분석해야 한다. 닐 포스트만은 앨더스 헉슬리의 말을 인용하며 자신의 저서 『죽도록 즐기기』를 끝맺고 있다. "멋진 신세계에서 사람들을 괴롭히는 것은 자신이 사고하는 대신 웃고 있다는 사실이 아니다. 그보다는 자신이 무엇에 대해 웃고 있는지, 그리고 왜 사고하기를 멈추었는지 모른다는 사실이다."[82]

이미지에 대해 비판적으로 검토할 때 우리는 좀더 세분화해서 논의할 필요가 있다. 회화, 사진, 영화, 텔레비전, 비디오, 애니메이션, 시디롬 등 현대에 다양한 이미지들이 혼재하고 있는데, 이들 간의 동질성과 함께 차이도 고려되어야 한다. 우선 우리는 사진과 같은 고정된 이미지(정영상)와 움직이는 이미지(동영상) 차이를 고려할 필요가 있다. 또한 동영상이라고 해도 텔레비전과 인터넷의 이미지는 다른 차원에서 논의될 수 있다. 마크 포스터는 "소수의 제작자들이 다수의 소비자에게 일방적으로 정보를 송출"하는 제1미디어 시대와 "다중 생산자/분배자/소비자의 시스템"으로 "생산자와 분배자와 소비자의 구분을 무의미하게 하는 완전히 새로운 커뮤니케이션", 즉 인터넷 같이 쌍방향적이며 탈중심화된 미디어인 제2미디어 시대를 구분하여 설명한다.[83] 사실상 이미지 문명에 대한 적잖은 비평가들이 '제2미디어 시대'를 적절하게 고려하지 않은 채 사실상 '제1미디어 시대'를 비판해 왔다고 말할 수 있다.

영상 매체의 부작용은 한편으로는 '억압된 것의 회귀' 과정에서 드러나는 과도기적 현상인지 모른다. 이 점에 대해 뒤랑의 제자인 사회학자 미셸 마페졸리(Michel Maffesoli)는 다음과 같이 말한다. "상상력 세계의 소생에 놀라워할 필요가 없다. 이것은 시대에 뒤떨어진 것이라 믿었던 예전의 구조를 다시 끌어들이고 사회의 탄력성에 기여할 신화를 재창조하면서 전체론적 관점에서, 잃어버린 균형을 회복한다. 이미지의 폭발이 이를 증명한다. 이미지 덕분에 사회는 꿈을 꾸는 것이며, 그리하여 본질적으로 합리주의적인 모더니티에 의해 좌절된 이미지 그 자체의 일정 부분을 되찾는 것이다. 이러한 소생과 억압된 것의 회귀가 뭔가 좀 무질서하게 그리고 많은 점에서 지나친 방식으로 진행된다는 것에 더 이상 놀랄 필요는 없다. 모든 과도기는 소란스럽다. 그리고 새로운 구조가 도입되어 타협된 균형을 찾기 위해서는 일정한 시간이 필요한 것이다."[84]

현대의 다양한 이미지 전송기구의 발명에 힘입은 '이미

지 문명'은 기껏해야 한 세기 남짓 진행된 현상이다. 문자의 발명 이후 전개된 오천 년 동안의 언어-문자 지배 시대 이후의 현상인 것이다. 거시적인 시각에서 우리는 '이미지 문명' 자체도 문명사적 균형 잡기 속에 위치시킬 수 있다고 본다. 레너드 쉴레인(Leonard Shlain)은 오로지 언어와 문자 문화만을 숭배함으로써 남성적인 좌반구가 강화되고 여성적인 가치가 몰락했음을 인류 문화의 초창기부터 현대까지의 역사적 고찰을 통해 밝히고 있다. 자신의 방대한 저서인 『알파벳과 여신』의 에필로그에서 그는 다음과 같이 말한다. "나는 우리가 새로운 황금시대로 들어서고 있다고 확신한다. 관용, 배려, 자연 존중의 우반구적 가치가 좌반구적 가치가 지배했던 오랜 기간 동안의 조건들을 개선시킬 것이다. 어떤 종류든 이미지는 전 세계에 이런 치유의 효과를 가져다주는 향유다. 변화가 세계의 문화에 퍼지는 데는 좀더 많은 시간이 걸릴 테지만, 사진술과 전자기의 경이로운 혁신이 세계를 물리적으로 그리고 정신적으로 바꾸고 있는 것에는 의심의 여지가 있을 수 없다. 이미지의 지각을 통해 일어나는 우반구적 가치로의 이동은 아름다움에 대한 총체적 의식 또한 크게 향상시키리라 예상할 수 있다."[85] 문화는 '이미지와 문자', 그리고 '우뇌적 가치와 좌뇌적 가치'가 상호 균형을 이룰 때 온전해질 수 있는 것이다.

(Amish) 공동체처럼 현대문명의 이기(利器)들과 영화와 사진 같은 이미지들을 금하는 공동체가 존재할 수 있다.80) 그러나 국가나 문명권의 차원에서 우리는 현대의 영상 매체를 금하는 공동체를 만들 수는 없다. 영상 매체와 함께 사는 것은 오늘날 불가피한 일이다. 그렇다면 우리는 영상 매체 자체를 무시해서는 안 되며 이를 직시해야 한다. 영상 매체 시

현대문명을 거부하고 전통적인 방식으로 살아가는 아미쉬

대에 문화를 일구는 작업은 영상 매체에 대한 성찰에서 출발해야 한다. 닐 포스트만의 말대로, "사용자가 매체의 위험성에 대해 알고 있다면 어떤 매체도 그다지 위험하지는 않기 때문이다."81) 영상 매체에 심각한 문제가 있다면 과연 무엇이 문제인지를 철저히 그리고 체계적으로 분석해야 한다. 닐 포스트만은 앨더스 헉슬리의 말을 인용하며 자신의 저서 『죽도록 즐기기』를 끝맺고 있다. "멋진 신세계에서 사람들을 괴롭히는 것은 자신이 사고하는 대신 웃고 있다는 사실이 아니다. 그보다는 자신이 무엇에 대해 웃고 있는지, 그리고 왜 사고하기를 멈추었는지 모른다는 사실이다."82)

이미지에 대해 비판적으로 검토할 때 우리는 좀더 세분화해서 논의할 필요가 있다. 회화, 사진, 영화, 텔레비전, 비디오, 애니메이션, 시디롬 등 현대에 다양한 이미지들이 혼재하고 있는데, 이들 간의 동질성과 함께 차이도 고려되어야 한다. 우선 우리는 사진과 같은 고정된 이미지(정영상)와 움직이는 이미지(동영상) 차이를 고려할 필요가 있다. 또한 동영상이라고 해도 텔레비전과 인터넷의 이미지는 다른 차원에서 논의될 수 있다. 마크 포스터는 "소수의 제작자들이 다수의 소비자에게 일방적으로 정보를 송출"하는 제1미디어 시대와 "다중 생산자/분배자/소비자의 시스템"으로 "생산자와 분배자와 소비자의 구분을 무의미하게 하는 완전히 새로운 커뮤니케이션", 즉 인터넷 같이 쌍방향적이며 탈중심화된 미디어인 제2미디어 시대를 구분하여 설명한다.[83] 사실상 이미지 문명에 대한 적잖은 비평가들이 '제2미디어 시대'를 적절하게 고려하지 않은 채 사실상 '제1미디어 시대'를 비판해 왔다고 말할 수 있다.

영상 매체의 부작용은 한편으로는 '억압된 것의 회귀' 과정에서 드러나는 과도기적 현상인지 모른다. 이 점에 대해 뒤랑의 제자인 사회학자 미셸 마페졸리(Michel Maffesoli)는 다음과 같이 말한다. "상상력 세계의 소생에 놀라워할 필요가 없다. 이것은 시대에 뒤떨어진 것이라 믿었던 예전의 구조를 다시 끌어들이고 사회의 탄력성에 기여할 신화를 재창조하면서 전체론적 관점에서, 잃어버린 균형을 회복한다. 이미지의 폭발이 이를 증명한다. 이미지 덕분에 사회는 꿈을 꾸는 것이며, 그리하여 본질적으로 합리주의적인 모더니티에 의해 좌절된 이미지 그 자체의 일정 부분을 되찾는 것이다. 이러한 소생과 억압된 것의 회귀가 뭔가 좀 무질서하게 그리고 많은 점에서 지나친 방식으로 진행된다는 것에 더 이상 놀랄 필요는 없다. 모든 과도기는 소란스럽다. 그리고 새로운 구조가 도입되어 타협된 균형을 찾기 위해서는 일정한 시간이 필요한 것이다."[84]

현대의 다양한 이미지 전송기구의 발명에 힘입은 '이미

지 문명'은 기껏해야 한 세기 남짓 진행된 현상이다. 문자의 발명 이후 전개된 오천 년 동안의 언어-문자 지배 시대 이후의 현상인 것이다. 거시적인 시각에서 우리는 '이미지 문명' 자체도 문명사적 균형 잡기 속에 위치시킬 수 있다고 본다. 레너드 쉴레인(Leonard Shlain)은 오로지 언어와 문자 문화만을 숭배함으로써 남성적인 좌반구가 강화되고 여성적인 가치가 몰락했음을 인류 문화의 초창기부터 현대까지의 역사적 고찰을 통해 밝히고 있다. 자신의 방대한 저서인 『알파벳과 여신』의 에필로그에서 그는 다음과 같이 말한다. "나는 우리가 새로운 황금시대로 들어서고 있다고 확신한다. 관용, 배려, 자연 존중의 우반구적 가치가 좌반구적 가치가 지배했던 오랜 기간 동안의 조건들을 개선시킬 것이다. 어떤 종류든 이미지는 전 세계에 이런 치유의 효과를 가져다주는 향유다. 변화가 세계의 문화에 퍼지는 데는 좀더 많은 시간이 걸릴 테지만, 사진술과 전자기의 경이로운 혁신이 세계를 물리적으로 그리고 정신적으로 바꾸고 있는 것에는 의심의 여지가 있을 수 없다. 이미지의 지각을 통해 일어나는 우반구적 가치로의 이동은 아름다움에 대한 총체적 의식 또한 크게 향상시키리라 예상할 수 있다."[85] 문화는 '이미지와 문자', 그리고 '우뇌적 가치와 좌뇌적 가치'가 상호 균형을 이룰 때 온전해질 수 있는 것이다.

물론 균형이란 현실 문화에서는 힘든 법이다. 현행의 텔레비전 문화는 다음과 같은 닐 포스트만의 지적을 더욱더 확인해 주는 듯하다. "사람들이 하찮은 것에 정신이 팔릴 때, 문화적 삶이 끊임없이 계속되는 오락으로 가득 차 있을 때, 진지한 공공 대화가 어린애들 얘기처럼 유치한 수준에 머물 때, 간단히 말해서 국민은 수용자가 되고 그들의 공적 비즈니스는 보오더빌 행위가 될 때 그 나라는 위기를 맞게 된다. 즉 문화의 사멸은 필연적이다."[86] 하지만 우리는 현재와 미래의 문화에 대해 비관주의에 빠져 있을 수는 없다. 이러한 '문화의 사멸'을 피해야 한다. 물론 우리에겐 가벼운 문화와 오락도 필요하다. 하지만 이것들이 문화의 핵심이 되어서는 안 된다. 깊이에 이르는 문화가 이 시대에 절실히 요구된다. 이를 위해서는 영상 매체 자체에 대한 교육과 아울러 인문학에 대한 교육을 강조하지 않을 수 없다. 문화와 인문학의 만남은 불가피하다. 인문학도 현대 문화의 피상성과 타락을 비판만 해서는 안 된다. 오늘날 인간 현상의 중요한 요소인 영상 문화를 인문학이 무시해서는 안 된다. 인문학이 신화와 종교 등과 관련된 구술 문화에 관심을 가졌듯이, 새로운 영상 문화에도 관심을 가져야 한다. 인문학이 책 혹은 문자 문화에만 관심을 가져야 한다는 당위성은 존재하지 않는다. 인문학은 영상 문화에 대한 적절한 비판적 시각과 함께 구체적인 만남을 시도해야 한다. 인문학적 토대가 없는 영상 문화는 공허하기 때문이다.

이 미 지

상 징

I. 과학적 사고와 상징적 사고

　고래(古來)로 인간은 자신이 우주와 밀접한 연관을 맺고 있다고 생각했으며, 자연을 신성한 존재로 보아 경외감을 느끼며 살아 왔다. 근대에 접어들면서 서양에서는 자연을 대하는 태도가 근본적으로 변했다. 이 세계를 몰인격한 물질로, 혹은 수학과 기하학의 대상으로 파악하기 시작한 것이다. '과학 혁명' 이후 근대인은 "마치 어린아이가 어머니를 바라보듯이 자연을 바라보고 또한 자연을 본보기로 삼던 태도를 멈추고, 자연을 정복하고 자연의 '지배자와 소유자'가 되기를 원했다".87)

　인간과 우주가 교감하던 시대는 끝났다. 이제 우주는 '거대한 기계'가 되었고, 근대인은 과학과 이성으로 이에 접근해야 했다. 비과학적인 방법은 인식의 자격을 획득하지 못했다. 종교와 미학과 윤리의 언술들은 '제거되어야 할 헛소리'로 간주되거나, 그렇지 않는 경우에도 과학의 세계에서 그 정당한 지위를 부여받기는 어려웠다. 그런데 우리 인생에서 진정으로 중요한 문제들은 참과 거짓으로 확인 가능한 '명제'로 성립되지 않는다.

달의 상징

인간은 과학만으로는 만족하지 못한다. 가령 달을 예로 들어보자. 달의 광도(光度), 지구와의 거리, 구성 물질 등의 천체물리학적 지식은 유용한 정보임에 분명하지만, 인간은 그 이상을 원한다. 기울고 차고, 없어졌다가 다시 나타나는

80 이미지와 상징

달에게서 우리는 인생사의 부침(浮沈)을 연상하기도 하고, 죽음과 부활을 보기도 하며, 존재와 대비되는 생성 관념을 떠올리기도 한다. 이때 달은 자연과학의 대상인 물질이 아니라 상징으로 우리에게 다가온다.

근대적 이성은 달을 상징으로 바라보는 태도가 미개하고 원시적인 사고의 소산이라고 간주하여 제거하려 애썼다. 막스 베버(Max Weber)가 근대성의 핵심을 '탈주술화(Entzauberung)'로 규정했음을 기억하자. 하지만 숱한 박해에도 불구하고 달 상징은 근대인의 심성 속에서도 지속되어 왔다. 사실상 달을 상징적 차원에서 파악하는 것은 달에 대한 과학적 접근과 마찬가지로 실재를 인식하는 하나의 방법인 것이다. 인간에게서 상징적 요소를 완전히 제거할 수는 없다. 만일 그렇게 한다면 그것은 인간성 자체를 말살하는 것이다. 인간은 '상징적 동물'이기 때문이다.

프랑스 문학에서 상징주의는 19세기 중반에 활약한 샤를 보들레르(Charles Baudelaire, 1821-1867)의 시와 더불어 발흥했으며, 19세기말에 이르면 지배적인 문예사조로 위치를 굳히게 된다. 상징주의의 유행은 과학적 방법과 태도를 문학에 도입한 자연주의에서 '막다른 길'을 발견하던 시기와 겹친다. 이성주의, 과학주의, 실증주의의 정점에서 사람들은 과학에 환멸과 염증을 느끼게 되었고, 보이는 현실세계보다는 그 너머에 있는 세계에 관심을 가지게 되었다. 보이지 않는 세계는 자연과학으로는 접근할 수 없다. 오직 상징으로만 접근할 수 있다.

상징에 관한 이 단원에서 우리는 오늘날 상징 이론의 대표적 선구자들인 보들레르와 이를 계승한 카를 구스타프 융(Carl Gustav Jung, 1875-1961)의 상징관을 각각 연구하고자 한다. 보들레르 자신은 상징에 대해 체계적으로 논의를 한 적은 없다. 하지만 그는 시와 비평문을 통해 상징론에 대한 중요한 단서들을 제공하고 있다. 그리고 그의 상징론은 상징주의 예술가들에게뿐 아니라 후일 상징 이론에 많은 영향을 미쳤다. 20세기에 들어와 상징 이론에서 선구적인 역할을 한 두 학자는 에른스트 카시러(Ernst Cassirer, 1874-1945)와 융이라고 할 수 있다. 이 중에서 보들레르의 상징관을 좀 더 직접적으로 계승한 이는 융이다. 보들레르와 융이 형성한 상징에 대한 관점은 상징론의 역사에서 거대한 물줄기를 형성했고, 20세기 상징 이론은 여기에서 많은 영향을 받았다. 이들의 상징관은 가스통 바슐라르(Gaston Bachelard), 앙리 코르뱅(Henry Corbin), 미르치아 엘리아데(Mircea Eliade), 질베르 뒤랑, 르네 알로(René Alleau) 등과 같은 학자들의 상징관에 큰 빛을 던졌기 때문이다. 우리는 보들레르와 융의 상징관을 각각 살펴 본 후에 이들이 제시한 상징관의 연속선상에서 상징을 어떻게 해석해야 할지에 대해 그리고 그러한 해석학적 태도가 지니는 의의에 대해서 고찰하고자 한다. 특히 보들레르와 융뿐 아니라 이들에게서 영향 받은 (위에서 언급한) 학자들의 이론을 총체적으로 고려한 질베르 뒤랑의 시각을 참조하여 접근하고자 한다.

II. 보들레르와 상징

보들레르

1. 보들레르의 시 세계와 상징

말라르메(Mallarmé), 베를렌(Verlaine), 랭보(Rimbaud) 등으로 대표되는 프랑스 상징주의를 선도한 이는 보들레르이다. '프랑스 최초의 진정한 상징주의자'라는 평가를 받는 그의 유명한 소네트 「상응(Correspondances)」[88)]을 통해 '상징'의 의미를 고찰해 보자. 이 시는 "보들레르 시학의 기본이며 프랑스 상징주의의 대헌장 구실"[89)]을 하는 작품으로 인정받고 있다.

>   <자연>은 하나의 신전이니 거기서
>   산 기둥들이 때로 혼돈한 말을 새어 보내니,
>   사람은 친밀한 눈으로 자기를 지켜보는
>   상징의 숲을 가로질러 그리로 들어간다.
>
>   어둠처럼 광명처럼 광활하며
>   컴컴하고도 깊은 통일 속에
>   멀리서 혼합되는 긴 메아리들처럼
>   향과 색과 음향이 서로 응답한다.
>
>   어린이 살처럼 싱싱한 향기, 목적(木笛)처럼
>   아득한 향기, 목장처럼 초록의 향기 있고,
>   ― 그 밖에도 썩은 풍성하고 기승한 냄새들,
>
>   정신과 육감의 앙양을 노래하는
>   용연향, 사향, 안식향, 훈향처럼
>   무한한 것의 확산력 지닌 향기도 있다.

> La Nature est un temple où de vivants piliers
> laissent parfois sortir de confuses paroles.
> L'Homme y passe a travers des forêts de symboles
> qui l'observent avec des regards familiers.
>
> Comme de longs échos qui de loin se répondent,
> dans une ténébreuse et profonde unité,
> Vaste comme la nuit et comme la clarté,
> les parfums, les couleurs et les sons se répondent.
>
> Il est des parfums frais comme des chairs d'enfant,
> doux comme les hautbois, verts comme les prairies,
> et d'autre corrompus, riches et triomphants,
> ayant l'expansion des choses infinies
> comme l'ambre, le musc, le benjoin et l'encens,
> qui chantent les transports de l'esprit et des sens.
>
> Charles Baudelaire

보들레르의 시 〈상응〉

시인이 바라보는 자연은 과학자들(자연주의자들)의 탐구 대상인 객관적인 자연이 아니다. 자연주의자들은 자연 바깥에 아무 것도 존재하지 않는다고 믿는다. 그들에게 초자연(超自然)이란 존재하지 않는다. 하지만 보들레르는 가시적인 자연 배후에 비가시적인 세계(혹은 천상계)가 있다고 믿었다. 그 세계는 자연이라는 매개를 통해 자신을 드러낸다. 마치 신이 신전에서 신탁(神託)을 내리듯이 그 세계는 자연(천지만물)을 통해 말을 건네며 자신을 드러낸다.

신전의 신탁이란 보통 사람들이 도무지 해석할 수 없는 것이다. 자연을 통해 천상계가 전하는 말도 '알 수 없는 말

(혼란한 말, de confuses paroles)'이다. 보들레르는 "이 세계가 신성문자(상형문자) 사전(ce monde-ci, dictionnaire hiéroglyphique)"이라고 보았다.90) 자연이 전하는 메시지를 알아들을 수 있는 자는 누구인가? 빅토르 위고(Victor Hugo)에 대해 쓴 글에서 보들레르는 다음과 같이 말한다.

"우리는 모든 것이 신성문자라는 진실에 도달했다. 그리고 우리는 상징이 혼란한 말인 것은 상대적으로만 그러할 뿐임을 알고 있다. 다시 말해 영혼의 태생적인 통찰력, 선의(善意), 순수함에 따라 다를 수 있는 것이다. 그런데 시인(나는 여기서 매우 넓은 의미로 이 단어를 사용하고 있다)이란 누구인가? 만일 그가 번역하는 자(traducteur), 해독하는 자(déchiffreur)가 아니라면 말이다."91)

오직 시인만이 '신성문자'와 같은 그 말을 해독할 수 있다. 만물이 '보편적 유추(universelle analogie)'로 엮어져 있음을 깨닫고 그 유추를 해독하는 위고와 같은 시인은 신비에 대해 폐쇄적이고 메마르며, 호전적인 혈기로써 단도직입적으로 신비를 대하는 볼테르(Voltaire)와는 다르다고 보들레르는 파악했다.92) 시인은 진정한 예지(intelligence)를 지닌 자이다. 그 예지는 상상력을 사용할 줄 아는 예지이다. 알퐁스 투스넬(Alphonse Toussenel)에게 보낸 편지에서 보들레르는 그

점을 밝히고 있다.

"오래 전에 나는 시인이 더할 바 없이 총명해야 (souverainement intelligent) 한다고 말한 바 있다. 그리고 시인은 총명 그 자체이며, 상상력이 기능들 가운데 가장 과학적인 기능이라고 말한 바 있다. 왜냐하면 상상력만이 보편적 유추(analogie universelle) 혹은 신비 종교에서 상응 (correspondance)이라 부르는 바를 이해할 수 있기 때문이다."93)

그러나 남다른 상상력을 지닌 시인은 이 땅에서 제대로 이해받지 못하고 인정받지 못한다. 오히려 그는 고통과 괴로움 속에서 살아가야 하는 존재이다. 뱃사람들에 사로잡혀서 멸시와 조롱을 당하는 거대한 바닷새 알바트로스(Albatros)처럼 시인(Le Poète)은 무지한 군중들의 "야유 속에서 지상에 유폐"되어 있는 고독한 자이다.

시인도 폭풍 속을 넘나들고 사수를 비웃는
이 구름 위의 왕자 같아라.
야유의 소용돌이 속에 지상에 유배되니
그 거인의 날개가 걷기조차 방해하네.94)

시인이 이 세상에 태어났을 때 그 어미는 "이 조롱거리를 기르느니 차라리 독사 한 뭉치를 낳고 말 것을!"이라고 한탄하며, 아이를 잉태한 덧없는 쾌락의 밤을 저주한다. 시인을 낳고 자신을 향해 분노하는 어미에게 신(神)도 측은한 마음을 품는다. 그러나 시인은 신의 명령으로 이 땅에 온 자로서 일반인들이 누리지 못하는 특권을 누리는 존재이기도 하다.

> 허나 천사의 보이지 않는 보살핌 아래
> 이 불우한 아이는 햇볕에 취하고
> 마시고 먹는 모든 것에서
> 신들의 양식과 주홍빛 신주(神酒)를 찾아낸다.
>
> 그는 바람과 더불어 놀고 구름과 이야기하고
> 십자가의 길에 노래하며 취하니
> 그의 순례의 길을 따르는 정령은
> 숲속의 새처럼 즐거운 그를 보고 눈물짓는다.[95]

시인은 종달새처럼 하늘을 향해 자유로이 날아올라 "인생을 굽어보며 꽃들과 말없는 사물들의 언어를 알아듣는"[96] 복된 존재이기도 하다. 그런데 천상계가 내리는 메시지를 듣기 위해서 시인은 '상징의 숲'을 가로질러 가야 한다. 시인에

보들레르의 『악의 꽃』

게는 온 우주가 상징이다. 바람, 구름, 꽃, 새, 무지개 이 모두가 상징이다. 만물이 '초월적인 진리'를 담고 있는 상징으로 시인에게 다가온다. 하나하나의 사물 배후에 숨어있는 깊은 상징적 의미를 깨쳐 나가며 이를 언어로 예술화하는 것, 이것이 시인의 사명이다.

2. 상징, 알레고리, 유추, 상응

보들레르가 '상징주의의 비조(鼻祖)'이기는 하지만, 기실 그는 상징이란 용어를 그다지 많이 사용하지는 않았다. 도미니크 랭세(Dominique Rincé)에 의하면, 『악의 꽃』에서 '상징'이란 단어를 담고 있는 시는 「상응」, 「시테르 섬으로의 여행(Un voyage à Cythère)」, 「작은 노파들(Les Petites Vieilles)」 등 모두 세 편뿐이라고 한다.97) 보들레르는 상징보다는 '알레고리(allégorie)'나 '유추', '상응'이라는 단어를 더 많이 쓰고 있다. 보들레르의 상징에 관한 논의에서 중요한 것은 용어 자체가 아니라 내용이다. 왜냐하면 보들레르는 괴테(Goethe)와 같은 낭만주의 작가들이 엄격히 구분한 의미로 상징과 알레고리를 사용하지 않으며, 또한 그는 상징을 유추나 상응과 같은 용어들과 동일한 맥락에서 사용하고 있기 때문이다.

르네 웰렉(René Wellek)에 의하면 상징과 알레고리를 구분한 공로는 괴테에게 돌아간다.98) 괴테의 유명한 상징과 알레고리 구분을 들어보자.

"알레고리는 현상을 개념(concept, Begriff)으로, 개념을 이미지로 바꾼다. 그러나 이 경우 개념은 이미지 속에 여전히 제한되어 있으며, 완전히 보존되어 있는 상태에서 이미지에 의해 표현된다. 상징은 현상을 이념(idea, Idee)으로, 이념을 이미지로 바꾼다. 이 경우 이념은 이미지 속에서 항상 무한정으로 작용하고 있으면서도 도달할 수 없게 되어 있으며, 아무리 많은 언어로 표현되었을지라도 여전히 표현 불가능한 채로 남아 있다."99)

알레고리가 다양한 해석의 여지가 없는 제한적인 의미만을 지닌다면, 상징은 무한한 의미를 지니며 또한 궁극적으로는 어떤 대상을 결코 적실하게 표현하기가 불가능한 것이다. 괴테의 이 구분을 후일 셸링(Schelling)과 슐레겔(August Wilhelm Schlegel)이 정교하게 다듬었으며, 또한 셸링과 슐레겔의 내용을 콜리지(Coleridge)가 인계받았다고 한다고 웰렉은 주장한다.100) 낭만주의자들은 괴테에서 콜리지에 이르기까지 낭만주의자들에게 중요한 것은 알레고리가 아니라 상징이었다. 그들은 상징을 문학과 예술의 핵심으로 파악하였던 것이다.

보들레르는 위에서 언급한 낭만주의자들과는 달리 상징과 알레고리를 구분하여 사용하지 않았다. 사실 문학에서는 중세 이래 상징과 알레고리를 거의 동의어로 사용해왔고, 하나로써 다른 하나를 우회적으로 표상하는 표현 기법상의 비유라는 관점에서 두 용어를 동가적(同價的)으로 통용하여 왔다.[101] 괴테와 같은 낭만주의자들의 노력에도 불구하고 많은 이들이 여전히 특별한 구분 없이 상징과 알레고리를 혼용해 온 것이다. 보들레르의 '상징'은 유추와 상응의 맥락 속에서 좀더 적절히 이해될 수 있다.

보들레르의 유추와 상응에 영향을 미친 사람으로 우리는 여러 사상가 혹은 작가들을 열거할 수 있다. 스베덴보리(Swedenborg), 푸리에(Fourier), 라바테르(Lavater), 조젭 드 메스트르(Joseph de Maistre), 호프만(Hoffmann), 에드가 포우(Edgar Poe) 등이 바로 그들이다.[102] 하지만 '유추'에 직접적으로 영향을 준 대표적인 인물은 푸리에이며, '상응'에 가장 큰 영향을 준 이는 스베덴보리이다. 「인공낙원(Les Paradis artificiels)」에 수록되어 있는 "하시시의 시(Le Poème du Hachisch)"에서 보들레르는 두 사람에 대해 언급한다.

"푸리에와 스베덴보리는, 한 명은 유추로 다른 한 명은 상응으로 당신들 앞에 보이는 식물과 동물로 육화된다. 그리고 그들은 음성으로 가르치는 대신에 형태와 색채로 가르친다."[103]

빅토르 위고에 대해 쓴 글에서도 보들레르는 다음과 같이 말한다.

"어느 날 푸리에는 '유추'의 신비를 우리에게 보여주기 위해 너무나도 위풍당당하게 나타났다. [...] 훨씬 더 위대한 영혼의 소유자인 스베덴보리는 하늘이 매우 거대한 인간임을 우리에게 가르쳐준 바 있다. 자연계에서와 마찬가지로 정신계에서도 형태, 움직임, 수, 색채, 향기 등 이 모든 것이 의미심장하고, 교호적이고, 환위(換位)될 수 있으며, 상응한다는 점을 가르쳐주었다."[104]

보들레르에게 보편적 유추와 상응은 거의 같은 의미를 지닌다. 보편적 유추로 엮어져 있기에 상응하는 것이며, 상응하기에 보편적 유추가 성립하는 것이다. 우선 '유추'를 살펴보자. 푸리에가 이 용어를 처음 창안한 것은 아니다. 그 개념은 가령 아리스토텔레스의 『시학』(제21장)에도 나타난다. 이 책에서 아리스토텔레스는 유추(analogon, analogie)를 다음과 같이 설명하고 있다. 인생에서 노년이 있듯이, 하루(낮)에는 황혼이 있다. 이 경우 노년은 인생의 황혼이라고 말할 수 있다. 인생은 인간에 관한 것이며, 하루는 우주에 관한 것이지만, 인생과 우주는 아날로지에 의해 연결되어 있는 것이다. 이러한 생각은 오랜 역사를 가지고 있으며 또한 현대에 이르기까지 끈질기게 지속되고 있다. 이 점에 대해 옥타비오 파스(Octavio Paz)는 다음과 같이 지적한다.

"아날로지는 원시인들 뿐 아니라 인류 역사 초기의 위대한 문명에서도 나타나고, 고대의 플라톤 학파와 스토아 철학자들에게 재등장하며, 중세를 따라 전개되다가, 많은 지하 종파와 믿음으로 갈라져서 르네상스 이후 서구의 비밀 종교로 변했다. 즉, 카발라, 영지주의, 신비주의, 연금술주의 등이 바로 그것이다. 낭만주의로부터 현재에 이르는 근대시의 역사는 유추로부터 영감을 받은 사상과 신앙의 흐름과 분리될 수 없다."[105]

17, 18세기에 이러한 우주적 아날로지에 대한 믿음은 에로티시즘과 연결된다.[106] 행성들과 물질원소들의 결합과 해체를 주관하는 인력과 척력이라는 법칙은 인간의 육체와 영혼에도 적용되는 것이다. 그런데 에로틱한 매력은 사회적인 계급과 위계질서에 관계없이 육체를 결합시키기에 이는 반항적이며 혁명적이다. 이 에로틱한 신비주의를 열정적인

사랑의 태양 아래 움직이는 사회의 건설이라는 생각으로 이어주는 가교 역할을 한 사람이 바로 푸리에(Charles Fourier, 1772-1837)이다. 푸리에는 『네 가지 운동과 일반 운명에 관한 이론(Théorie des quatre mouvements et des destinées générales)』의 서문에서 다음과 같이 말한다.

"내가 발견한 제일의 학문은 열정적인 사랑의 이론이었다. 곧 나는 열정적인 사랑의 원리는 뉴턴에 의해 설명된 만유인력의 법칙과 모든 점에서 부합한다는 사실을 깨달았다. 물질세계의 운동 체계는 바로 정신세계의 운동 체계였다. 나는 이 아날로지가 보편적 원리로부터 모든 개별적 원리들에게까지 확장될 수 있으며 동물과 식물 그리고 광물들의 인력과 특성들은 아마도 인간과 행성들의 인력과 특성들과 동일한 방식에 의해 조화를 이루고 있는 것이 아닐까 생각했다. 이리하여 물질, 유기체, 동물, 사회라는 네 가지 종류의 아날로지가 발견되었다."[107]

푸리에는 스베덴보리(Emanuel Swedenborg, 1688-1772)가 사망한 해에 태어난 이로서, 이 공상적 사회주의자는 과연 '스베덴보리의 추종자'였다. 스베덴보리가 천국과 지옥을 사랑과 적대감으로 움직이는 체계로 인식했다면, 푸리에는 이 땅에서 스베덴보리가 가졌던 천국의 꿈을 실현하려 했고

스베덴보리

천사들의 계급 제도를 사회주의 공동생활 체제로 전환시켰다.108) 스베덴보리의 상응은 지상세계와 천상세계 사이에, 인간과 천국, 자연계와 영계(靈界) 사이에 작용하는 방식이다. 가령 태양은 하늘나라의 신에 해당하는 것이다. 그는 데카르트에 의해 제기된 물음, 즉 '신체 영역과 이와 완전히 구별되는 정신 영역이 어떻게 상호작용을 할 수 있는가?'와 같은 물음에 대해서 스베덴보리는 '상응론'으로 대답한다. 이때 상응이란 신체와 정신같이 서로 다른 두 차원 사이의 반응으로서, 한 차원에서 일어나면 자동적으로 다른 차원에 반응을 일으키는 상호 연결 관계를 일컫는다.

보들레르의 시 「상응」으로 되돌아가 보자. 김붕구는 여기서 세 가지 상응을 포착하였다 : 천상계와 지상계, 사람(시인)과 지상계(자연), 사람(시인)과 천상계(이데아의 세계).109) 유평근은 강조점을 조금 달리 하여 상응을 다음과 같이 세 가지로 나눈다 : I연의 물질세계와 영적인 세계의 상응, II연의 공감각 현상(synesthésies: 서로 다른 감각간의 상응), III, IV연의 감각과 정신의 상응.110) 연구가들은 이 시에서 흔히 수직적 상응(correspondances horizontales)과 수평적 상응(correspondances verticales)을 지적한다.111) 수직적 상응은 인간(혹은 자연)과 천상계와의 상응이다. 여기서 핵심적인 요소는 현실적인 것의 의미가 천상적인 혹은 신적인 내용을 지니도록 고양시키는 점이다. 수평적 상응은 지상계의 사물과 감각 등이 서로 접근하고 화해하는 것이다. I연이 수직적 상승을 강조한다면, II연과 III연의 전반부 두 행은 공감각 세계를 통해 수직적 상응을 보여준다. 대쉬(—)로써 시작하는 III연의 마지막 행과 IV연은 다시 수직적 상승으로 되돌아간다. 자연으로부터 낙원으로의 숭엄한 도약을 '확산력(expansion)'과 '앙양(transports)'이라는 단어로써 암시해주고 있는 것이다. '수직적 상응 및 수평적 상응'은 채드윅(Chadwick)이 명명한 '초월적 상징주의(transcendental Symbolism) 및 인간적 상징주의(human Symbolism)'와 어느 정도 서로 통한다. 인간적 상징주의가 암시에 의해 시인 내부의 사상과 감정을 표현하는 차원의 예술이라면, 초월적 상징주의는 현실 세계가 아닌 이데아 세계를 구체적인 이미지로써 환기시키는 것이다.112) 채드윅은 보들레르의 시에서 인간적 상징주의도 상당한 역할을 하지만 초월적 상징주의가 훨씬 더 중요한 역할을 감당하고 있다고 주장한다.113) 랭세는 보들레르의 다양한 시들에 대한 세밀한 연구를 통해 "보들레르가 종종 수평적 상응을 수직적 상응에 도달하기 위한 일종의 예비 과정으로 사용"하고 있다고 주장한다.114)

사실상 스베덴보리에게서 더 중요한 요소는 이러한 초월적 상징주의이다. 그리고 후일 융이나 코르뱅, 엘리아데, 뒤랑 등으로 이어지는 상징 이론 계보에서 더 중요한 요소도 초월적 상징주의이다. 비록 보들레르가 상징에 대해서 정연한 이론을 정립한 것은 아니지만 보들레르의 이러한 상징관은 이후에 많은 상징 이론가들의 토대가 된다. 보들레르의 상징관의 기반위에서 현대의 주요한 상징 이론가들이 내리는 다음과 같은 상징 정의들을 우리는 이해할 수 있게 된다.

> 앙리 코르뱅 : 상징은 신비의 암호이다.
> 르네 알로 : 상징은 유한 속의 무한이다.
> 질베르 뒤랑 : 상징은 비밀스런 의미를 드러내는 재현이며, 신비의 현현(顯現)이다.115)

미르치아 엘리아데 : 상징은 객관적 실재의 전사(轉寫)
가 아니다. 상징은 더욱 깊고 더욱 근본적인 무언가를
드러낸다.116)

　상징을 깊이 연구한 이러한 학자들의 직접적인 선구자는 분석심리학의 창시자인 카를 구스타프 융이다. 그는 20세기에 와서 보들레르적 맥락에서 상징을 연구한 대표적인 학자라고 할 수 있다. 이제 융의 상징 이론을 고찰해 보자.

III. 융의 상징

융

1. 원형과 상징

 융의 상징 개념을 이해하기 위해서는 우선 원형에 대한 이해가 선행되어야 한다. 융의 체계에서는 원형이 상징에 대한 일종의 상위 개념이기 때문이다. 신화와 종교사에 대한 연구를 통해 융은 동일한 테마들이 시간과 공간을 가로질러 되풀이되어 나타남을 관찰하였다. 동시에 융은 자신에게 심리 상담을 받는 환자들의 꿈 혹은 환상이나 환각에도 그 동일한 요소들이 존재함을 확인하였다. 융은 그 테마들이 보편적인 인간 경험의 양상을 반영한다고 보았고, 이미지로 표현되는 이 심리적 모티프들 혹은 테마들을 1912년에 '원초적 이미지(Urbild)'라 명명하였다.117) 5년 후 융은 이 이미지들을 '집단 무의식의 주된 내용(혹은 구조)'이라 불렀다. 융이 최초로 '원형'이란 용어를 도입한 것은 1919년에 와서이다(「본능과 무의식」). 애초에 자신이 '원초적 이미지'라 불렀던 것에 융은 '원형(Archetypus)'이라는 새로운 명칭을 부여한 것이다. 이 새로운 용어의 접두어 'Arche'는 이전 용어의 접두어 'Ur' 보다 원천을 더욱더 강조하는 표현이다.

1938년경 융은 생물학자들이나 비교행동학자들이 '발생론적으로 전수된 행동 구조'를 지칭하기 위해 사용한 '행동 유형(pattern of behavior)'이라는 관념에 접한다. 융은 자신의 원형 개념을 설명하기 위해 이 용어를 차용하는데, 이로써 융은 원형의 역동적인 그리고 조직하는 측면을 점점 더 강조하게 된다.118) 『영혼의 변형과 그 상징』에서 융은 이렇게 말한다. "내가 이후 집단 무의식이라 부르게 된 이것은 유전된 재현들에 관한 것이 아니라, 유사한 재현들을 형성하기 위한 내적인 장치, 다시 말해 프쉬케의 보편적으로 동일한 구조들에 관한 것이다. 나는 이 구조들을 원형들이라 불렀다. 이 구조들은 생물학 개념인 '행동 유형'에 해당한다."119)

원형에 대한 오랜 숙고와 탐색 끝에 융은 1946년부터 '원형 자체(Archetypus an sich)'와 '원형의 재현(archetypische Vorstellung)'을 구분하기에 이른다. "우리가 '원형'이란 말로써 의미하고자 하는 바는 그 자체로는 재현할 수 없는 것이나, 예시(例示)들을 가능하게 해주는 효력을 가지고 있는 것이다. 이 예시들이 원형의 재현들이다."[120] '원형 자체'는 가정에 의한 모델로서, 이는 지각될 수 없고 집단 무의식의 구조적 잠재태로만 존재하는 것이다. 원형 자체는 경험될 수 없으며 의식에 포착되지도 않는다. 우리가 인식할 수 있는 것은 단지 원형의 재현(이미지 혹은 관념)이다. 잠재적인 원형이 현실화되고, 지각이 가능해지며, 의식의 영역으로 들어오게 되는데, 이것이 바로 원형의 재현이다.[121]

그 누구도 '원형 자체'와는 직접적으로 대면할 수 없으며 단지 간접적으로 대면할 수 있을 뿐이다. 원형 자체가 원형적 이미지나 상징으로 현현될 때, 또는 콤플렉스나 증후(symptom) 가운데 현현될 때만 우리가 그 원형과 대면할 수 있다.[122] 원형 자체가 '의식에 의해 건드려질' 때, 그것은 '낮은' 생물학적 차원에서 자신을 드러내어 예를 들어 본능의 표현으로서 혹은 본능적인 역동성의 형태를 띠거나, 아니면 이미지나 관념 같은 '높은' 정신적 차원에서 자신을 드러낸다. 후자의 경우 의미와 이미저리의 원재료가 원형 자체에

첨가되고, 이렇게 하여 상징이 탄생하게 된다.123)

원형은 '지금 여기'라는 시간과 공간에 자신을 드러낼 때 비로소 의식적인 마음에 일정한 형태로서 지각된다. 이렇게 원형이 자신을 구체적으로 현현한 것이 바로 상징(Sinnbild, symbol, symbole)이다. 따라서 모든 상징은 원형에 참여한다. 그것은 지각될 수 없는 '원형 자체'에 의해 결정된다. 달리 말해 상징이 상징으로서 출현하기 위해서는 '원형적인 토대(an archetypal ground plan)'을 가져야 한다. 원형이 상징과 동일시되는 것은 아니다. 그렇긴 하지만 정의할 수 없는 내용물의 구조, '준비되어 있는 체계', '에너지의 비가시적인 중심'으로서 원형은 항상 잠재적인 상징이며, 일반적인 심리적 배열(Konstellation)이나 의식의 적절한 상태에 도달하면 원형의 '역동적인 핵'은 그 자신을 현실화하고 상징으로 나타낼 준비가 되는 것이다.124)

상징은 결코 전적으로 추상적일 수 없고, 육화(肉化)되게 마련이다. 이러한 이유로 원형적 본성에 대한 관련성, 상황 또는 관념은 아무리 추상적일지라도 정신(psyche)에 의해 특유의 형태, 모습, 이미지, 대상으로 시각화되거나―이는 인간이나, 동식물의 형태로 구상화될 수도 있고 원, 입방체, 십자가, 구형 등으로 추상화 될 수도 있다―또는 최소한 이미지 혹은 그림의 연속체로 표상되기 쉬운 사상(事象)으로 표현된다. 예를 들어 '빛과 어둠, 혹은 선과 악의 갈등' 원형을 용과 싸우는 영웅의 형태로 주조하거나, 또는 '죽음과 재생 관념'의 원형을 영웅의 일생 속의 표상적인 에피소드나 미궁의 상징으로 표현하거나, 신화, 옛이야기, 우화, 서사시, 민요, 드라마 등의 방대한 영역을 창조하는 것은 인간 정신의 바로 이러한 이미지 생산 능력이었다.[125]

2. 상징의 정의

상징에 대해 비교적 자세하게 논의하고 있는 『심리학적 유형』에서 융은 상징을 "비교적 잘 알려져 있지는 않지만, 존재하는 것으로 알려져 있거나 존재하는 것으로 상정되는 사실들을 가능한 한 최선의 방법으로 표현하는 것"으로 규정하고 있다.[126] 상징은 의식이 직접적으로 드러낼 수 없는 어떤 불분명한 것, 알려져 있지 않은 것, 숨겨져 있는 것을 간접적으로 이미지를 통해 드러내는 수단이다. 상징은 이미지를 통해서 우리의 이성적 인식을 초월해 있는 어떤 의미를 전달하려는 것이다. 독일의 옛 성가에 "저 하늘의 달을 보라. 보이는 것은 달의 절반 뿐"이라는 구절이 있다. 이는 상징의 성격을 잘 보여주는데, 상징의 대상은 반쪽만 이해되고 다른 반쪽은 인간 이해에서 감추어져 있는 실체인 것이다. "상징은 알려져 있지 않거나 포착하기 어려운, 결코 완전히 정의할 수 없는 실체를 지칭하는 것이다."127)

이 세상에는 인간이해의 범주를 넘는 것들이 무수히 존재한다. 우리는 완전히 정의할 수도 설명할 수도 없는 이러한 개념을 표상하기 위하여 끊임없이 상징적인 용어를 사용한다. 모든 종교가 상징적인 언어나 이미지를 사용하는 이유 중의 하나는 바로 이러한 것들이 완벽하게 정의되거나 설명될 수 없기 때문이다.128)

융에게 상징이란 어떤 사물의 의미를 남김없이 언어로 표현할 수 없는 것이다. 상징적 의미라 할 때 우리는 미지의 어떤 의미를 전제로 하고 있다. 아직 온전히 알려져 있지 않은 의미를 이미지를 사용하여 최선의 방법으로 표현하고자 하지만, 그럼에도 불구하고 설명되지 못한 의미가 여전히 남아 있는 것이 상징의 특징이다. 만일 우리가 어떤 상징을 온전하게 설명할 수 있다면, 그 상징은 이미 생동성을 잃은 것이다.

상징에는 이미지만 있는 것은 아니다. 거기에는 에너지도 담겨져 있다. 융은 우리가 원형에서 느낄 수 있는 누미노제(신성한 힘)를 상징을 통해서도 느낄 수 있음을 역설한다. 상징에 에너지가 담겨 있기에 상징은 강력한 힘으로써 인간

을 사로잡으며, 상징을 상징으로 인식하는 사람들을 변화시키기 때문이다.129)

3. 상징, 알레고리, 기호

상징은 그 의미가 결코 완전히 드러나지 않는다는 점에서, 그리고 고정된 의미가 아닌 살아 움직이는 현상이라는 점에서 기호(signe)와는 다르다. 융은 상징을 알레고리나 기호와 명확히 구분한다. 기호나 알레고리가 이미 알고 있는 사물의 표현을 지칭하는 반면에, 상징은 "거의 알지 못하는 사물을 나타내기 위한 최선의 방도"이다. 이 용어들의 혼동을 피하기 위해 융은 다음과 같이 말한다.

"상징은 알레고리도 세메이온(기호)도 아니다. 상징은 상당 부분 의식을 초월하는 내용물의 이미지이다."130)

"내가 생각하는 상징 개념은 단순한 기호 개념과는 아무런 공통점도 없다. 상징적 의미와 기호적 의미는 완전히 다른 것이다."131)

"나는 상징이라는 용어로써 알레고리나 단순한 기호를

전혀 의미하지 않는다. 나는 이 용어로써 정신이 어렴풋이 느낄 뿐인 대상을 가능한 한 최선의 방법으로 지칭하는 데 적합한 이미지를 의미한다."132)

"상징적인 표현을 이미 아는 사실에 대한 유사물(analogue)이나 간략화된 칭호(abbreviated designation)로 해석하는 견해는 기호론적(semiotic)이다. 상징적 표현을 그다지 알려지지 않기에 그 이상 분명하게 즉 그 특성을 알 수 있게 표상할 수 없는 것에 대해 가능한 한 최상의 정신적 표현으로 해석하는 견해는 상징적(symbolic)이다. 상징적인 표현을 이미 아는 사실에 대한 의도적인 부연 혹은 변형으로 해석하는 견해는 알레고리적(allegorical)이다."133)

프로이트(Sigmund Freud)는 상징에서 비물질적이거나 추상적인 요소를 배제하고 상징을 현실의 대상이나 사람을 가리키는 뜻으로 사용했다. 이를테면 수도꼭지, 연필 같은 물건들이 남성의 성기를 상징한다는 식이다. 나무는 그 모양으로 인해 남근을 상징하고, 나무에 오르는 행위는 성행위를 상징한다는 환원적인 해석을 융은 받아들이지 않는다.134) 융이 보기에 프로이트의 상징은 성적으로 응고된 상징(symboles sexuels figés)으로서, 이는 기호에 지나지 않는다.135) 상징은 몇 마디의 평범한 말로 기술할 수 있는 기호 혹은 대안적 표현 이상의 의미를 지닌다. 그 배후에는 의미와 추론의 복잡한 그늘이 숨어 있으며, 때로는 그로부터 격렬한 감정이 생겨나서 행동으로 나아가기도 한다.

상징은 그 속에 숨어 있는 의미가 완전히 노출될 때, 또 그것이 가진 풍부한 함축성을 잃게 될 때 기호로 전락하거나 죽은 상징이 될 수도 있다. 왜냐하면 진정한 상징은 결코 완전히 설명할 수 없기 때문이다. 우리는 상징의 합리적인 부분에 대해서는 이를 우리가 의식하도록 밝힐 수 있으나, 상징의 비합리주의적인 요소에 대해서는 다만 우리의 감정에 간절히 호소할 수 있을 뿐이다. "상징이 살아 있는 한 그것은 다른 어떤 방법이나 더 좋은 방법으로 성격지울 수 없는 어떤 것의 표현이다. 상징은 의미로 충만할 때만 살아있을 수 있다. 그러나 일단 그것의 의미가 닳아 없어지면, 또 일단 그 표현이 여태까지 상징으로 받아들여지던 것보다 더 나은 것으로 찾아지고, 기대되고, 또는 예언된다면, 그때 그 상징은 죽고 만다. 그리고 그것은 관습적인 기호가 된다."[136]

십자가가 어떤 사람에게는 기독교에 대한 외적인 기호로 단순하게 인식될 수 있고, 반면에 다른 사람에게는 그것이 예수의 수난 사건을 풍성하게 일깨울 수도 있을 것이다. 융은 전자의 경우를 '소진된 상징(extinct symbol)'으로, 후자를 '살아있는 상징(living symbol)'이라고 말한다.[137] 상징이 단순한 기호로 전락해가는 것은 오늘날 우리가 직면하고 있

십자가 상징

는 상황의 부산물이다. 과학과 이성주의와 실용주의적 사고에 의해 이제 우리는 모든 것에서 신비와 경외를 벗겨버렸다. 이제 거룩함은 더 이상 남아 있지 않게 되었다. 거룩함이 사라짐에 따라 상징들은 단순한 기호로 변하고 말았다.138)

4. 상징의 기능

상징의 기능 가운데 가장 중요한 기능이라고 융이 강조한 기능은 초월적 기능(transzendente Funktion)이다. 상징은 대극들을 통합시키는 기능을 수행하고 있다. 초월적인 기능이란 두 가지 상반되는 요소가 서로 대극의 긴장 관계를 이루고 있을 때 상징이 그 가운데 초월적인 위치에 서서 대극의 긴장을 풀어 주고 그 둘을 통합시켜 새로운 이미지를 형성하게 하는 기능이다. 이 기능에 대해 융은 다음과 같이 말한다. "나는 대극을 화해시키는 이 기능을 가리켜서 초월적인 기능이라고 부르겠다. 이 기능은 이름에서 보는 것처럼 신비적인 것은 아니다. 허수와 실수로 이루어진 수학의 함수와 마찬가지로 의식적인 요소와 무의식적 요소 사이에서 이루어지는 기능인 것이다. [...] 우리의 의지 외에 우리에게는 창조적인 특성을 가진 상상력이 있다. 본능적으로 비합리적인 특성을 가진 이 기능은 우리 의지로 하여금 대극들을 화해시킬 수 있게 해 준다."139) 여기서 초월적이라는 말은 형이상학적이라는 말이 아니다. 철학자와 신학자가 '초월적'이라는 말을 사용할 때 "인간과 다르면서 인간을 뛰어 넘는 절대자나 신성한 존재"를 의미하지만, 여기서 융은 그런 의미로 사용하지는 않는다.140) 그것은 단지 어떤 하나의 태도에서부터 다른 태도로 변화시키는 것을 의미할 뿐이다.

상징은 본래 인간 정신의 대극적인 요소들로 구성되어 있기 때문에, 통합자로서의 역할을 수행하고 있다. 어떤 상황에서 대극 사이의 긴장이 생겨나면 그 자체로서는 긴장을 해소시킬 방도가 없고 그 사이에 대극의 모든 요소들을 포용하고 있는 제3의 요소가 등장해야 한다고 융은 강조하였다. 그런데 상징은 여기서 대극을 통합시키는 제3의 요소 역할을 훌륭하게 수행할 수 있다. "상징은 의식은 물론 무의식으로부터도 비롯된 것이기 때문에 의식과 무의식을 통합할 수가 있다. 그 이유는 상징의 형상에는 의식과 무의식이 이상적인 모습으로 통합되어 있고, 서로 다른 정동이 합쳐져서 누미노제적인 특성을 나타내기 때문이다."141) 즉 상징은 서로 대립적인 특성을 지닌 두 요소를 그 속에 품고 있기 때문에 제3의 위치에서 서로 대극적인 두 요소를 통합할 수 있는 것이다.

전래되어 오는 상징(traditional symbol)이 아닌 새로운 상징(new symbol)은 한 개인의 의식과 무의식, 이성적인 요소와 비이성적인 요소를 연결시켜 준다.[142] 그리고 새로이 창조된 상징은 인간의 가장 고상한 정신적 열망의 산물인 동시에 인간 존재의 가장 깊은 뿌리에서 발원한다. 따라서 새로운 상징은 최고도로 분화된 심적 기능의 산물일 수만은 없고 정신(psyche)의 가장 낮고도 원시적인 수준에서 비롯된 것이기도 하다. 전래되어 온 상징, 즉 관습적인 상징이 아닌 새로운 상징을 만들기 위해서는 고도의 창조적 상상력이 필요하다. 그런데 이 상징은 인간의 심층 깊은 데서 흘러나온 것이다. 다시 말해 이 상징은 원형에 토대를 둔 상징인 것이다.

IV. 상징의 창조와 해석을 위하여

　지금까지 우리는 보들레르와 융의 상징관을 각각 살펴보았다. 상징을 통해 상반되는 것(혹은 상이한 것)의 일치와 조화를 추구한다는 점에서, 그리고 상징의 배후에는 원형이 감추어져 있다는 점에서 융의 관점은 보들레르의 상징관과 서로 통한다. 이제 보들레르와 융의 관점에 입각하여, 그리고 이를 이은 상징 이론가들에 힘입어서 상징 해석 문제를 고찰해보자.

　상징을 신비의 암호라 할 때, 그 신비는 단 한 번의 해독 작업에 의해 온전히 드러나지는 않는다. 언제든지 새롭게 해독되어야 하는 것이다. 앙리 코르뱅은 신비 해독으로서의 상징과, 일정한 악보에 토대를 둔 연주 사이에 유사성이 존

푸르트뱅글러의 지휘 모습

재함을 지적한 바 있다.143) 가령 베토벤의 제5번 교향곡(「운명」)의 악보가 있다 하자. 단 한 차례의 연주로, 혹은 한 지휘자의 연주만으로 그 악보의 신비가 다 해독된다고 할 수 있을까? 푸르트뱅글러, 칼 뵘, 카라얀과 같은 지휘자들은 동일한 「운명」 교향곡 악보를 각기 조금씩 달리 연주한다. 이들의 연주가 신비의 해독에 나름대로 공헌은 하지만, 특정 지휘자의 연주가 온전한 해독이라고, 다시 말해 더 이상 다른 연주가 필요 없는 연주라고 볼 수는 없다. 새로운 (혹은 동일한) 지휘자에 의한 새로운 연주는 항시 필요한 것이다. 마찬가지로 단 하나의 상징이 신비를 완전히 해독할 수 없다. 신비에 더욱 가까이 접근하기 위해서는 상징들의 반복(répétition, redondance)이 필요하다. 그러나 아무리 반복을 계속한다 하더라도 신비 그 자체를 완벽하게 드러내는 것은 아니다. 신비는 점근선(漸近線)적인 접근만을 허용할 뿐이다. 즉 상징들의 반복을 통해 점점 가까이 다가가기는 하지만 결코 도달할 수는 없다.

복음서에 있는 '천국의 비유(parabole: para라는 접미사는 '도달할 수 없음'을 뜻함)'는 반복을 통한 점근선적인 접근을 잘 보여 준다.[144] 마태복음에는 씨 뿌리는 자, 곡식과 가라지, 겨자씨, 누룩, 밭에 감추인 보화, 좋은 진주를 구하는 장사, 물고기를 모으는 그물, 충성된 종과 악한 종, 신랑을 맞으러 나간 열 처녀, 달란트 받은 종 등의 비유들이 소개되어 있다. 천국의 신비를 드러내기 위해 예수는 위의 비유들을 사용하는데, 각각의 비유는 천국의 신비의 한 측면을 드러낸다. 그러나 하나의 비유가 천국을 온전히 드러내지는 않기에 여러 비유들을 통해 다면적으로 접근하는 것이 필요하다. 이때 각각의 비유들은 서로 보완하면서 총체성을 이루어 천국의 신비에 근접하고 있다. 그렇다 하더라도 천국의 '신비'는 어디까지나 신비로 남는다. 이렇듯 각각의 상징은 유한으로써 무한을 표현하려고 하기에 그 성격상 불충분하고, 따라서 끊임없는 반복을 요구한다.[145]

타르코프스키의　　　　타르코프스키의
　〈향수〉　　　　　　　　〈희생〉

　　상징의 또 다른 특성은 다가성(polyvalence)이다. 상징은 하나의 가치(valeur)만을 지니는 것이 아니라 다양한 가치를 지니며, 심지어는 상호 모순적인 가치들을 지니기도 한다. '불'의 상징을 예로 들어보자. 불은 세상의 더러운 것들을 태우는 정화(purification)의 의미를 지닌다. 산스크리트어로 정결이라는 말과 불은 동일한 단어(agni)라고 한다.146) 한편 '위대한 영상시인'이라 불리는 안드레이 타르코프스키 감독의 영화 「향수」와 「희생」에서 불은 세상을 구원하고자 하는 열망과 결부된다. "세계는 경계를 없애고 하나가 되어야 한다", 라고 외치고는 로마의 광장에서 분신자살하는 도메니코, 그리고 핵전쟁의 암울한 소식 속에서 자신의 집을 불태움으로써 신의 진노를 막고 세상을 구원하고자 하는 알렉산

더의 노력은 희생을 통한 구원으로서의 불을 잘 드러낸다. 나아가 불은 신의 현현(théophanie)과도 결부된다. "시내 산에 연기가 자욱하니 여호와께서 불 가운데서 거기 강림하심이니라."(출애굽기 19:18)

타르코프스키의 〈희생〉 : 자신의 집을 불태우는 장면

이렇게 불은 긍정적인 측면을 지님과 동시에, 부정적인 의미도 지니고 있다. 신의 진노도 불로 상징화되는 것이다. "여호와께서 하늘 곧 여호와에게로서 유황과 불을 비같이 소돔과 고모라에 내리사 그 성들과 온 들과 성에 거하는 모든 백성과 땅에 난 것을 다 엎어 멸하셨더라."(창세기 19:23-24) 지옥의 묘사에는 흔히 불의 이미지가 등장한다. 「요한 계시록」에서 사탄과 사탄에 속한 자들이 마지막 날에

던져지는 곳은 '불못' 혹은 '불과 유황으로 타는 못'이다. 뿐만 아니라 욕망, 특히 성적인 욕망도 불로 상징화된다. 영화에서 남녀 육체관계의 절정을 뜨겁게 타오르는 불꽃으로 형상화하는 것도 이러한 맥락에서다.

초월적인 신비를 드러내기 위해서는 항상 상징들의 반복이 요청된다든지, 상징이 본래적으로 다가적이라는 말은, 달리 표현하자면 상징이 개방적이라는 것이다. 특정의 사물(이미지)만이 어떤 신비를 독점적으로 온전히 드러낸다고 보지도 않고, 하나의 상징적 이미지가 특정의 가치만으로 제한되지도 않기 때문이다. 상징적 이미지와 그 의미가 일대일 대응하지 않는다는 사실은 '명석판명(clair et distinct)'을 요구하는 근대적 사고의 입장에서는 여간 불리한 여건이 아닐 수 없다. 헤겔은 상징이 자율성을 너무 많이 지니고 있어서 그 의미가 전적으로 명확하지 않다는 이유로 이집트와 동방의 상징적 예술을 평가 절하했다.147)

그러나 상징의 이러한 성격은 오히려 예술가와 해석자에게 자유를 안겨준다. 이 개방성으로 인해 상징화 작업을 수행하거나 상징을 해석할 때 우리는 특정한 틀에 얽매일 필요가 없는 것이다. 동시에 이 자유는 창조성으로 이어져야 한다. 미당(未堂)은 한 송이 국화꽃의 개화(開花)에서 소쩍새, 천둥과 먹구름, 무서리 등 천지만물의 조화와 협력과 성실을 보았다. 즉 그는 국화꽃에서 우주의 신비를 나름대로 파악했던 것이다. 후세 시인이 우주의 신비를 드러내기 위해 동일한 이미지를 사용할 필요는 없다. 그는 아무도 떠올려 보지 못했던 상징적 이미지를 창조하여 우주의 신비를 드러내야 하는 것이다. 혹은 동일한 이미지 속에서 선배 시인들이 포착하지 못했던 감추어진 의미를 밝혀야 하는 것이다.

이를 위해서는 창조적인 상상력이 필요하다. 창조성이 결핍될 때 상징은 빈약한 의미(가치)만을 제공할 뿐이다. 육체적 사랑과 활활 타오르는 불꽃을 연결시키는 영화의 장면들이 바로 그러하다. 상징적인 권능을 전달하는 것은 상투적인 상징이 아닌 독창적인 상징이다. 폴 리쾨르(Paul Ricœur)가 훌륭하게 표현하였듯이, "상징은 생각을 불러일으킨다(le symbole donne à penser).[148]" 그런데 진정 생각을 불러일으키는 상징은 고착화된 상징, 관습적 상징이 아니다. 가령 평화의 상징으로 비둘기를 제시했을 때, 그 이미지는 '비둘기 = 평화'라는 연상 작용만 제공할 뿐, 더 이상의 사유를 불러일으키지 않는다. 새로운 상징적 이미지를 개척하는 것, 이것은 시인의 특권이자 임무이다.

상징의 개방적 성격은 독자(해석자)에게도 책임을 부여한다. 상징이 다의성을 지닌다면 상징의 다층적인 의미를 손쉬운 환원적 방법으로 접근해서는 상징의 풍요로움을 놓치기 마련이다. 예를 들어 프로이트 정신분석학에서, 상징은 남성이나 여성의 성기에 대한 암시로 환원된다.149) 『상징적 상상력』에서 질베르 뒤랑은 프로이트의 범성욕주의(pansexualisme)뿐 아니라, 어원의 규명을 통해 상징을 해석하는 뒤메질(George Dumézil)의 기능주의, 그리고 음운론의 구조적 방법만을 차용하는 레비스트로스(Claude Lévi-Strauss) 구조주의의 초언어적(translinguistique) 환원도 함께 비판한다.150) 이러한 방법들은 나름대로의 가치를 지니지만, 그 한계도 동시에 인정해야 한다는 것이다.

상상력의 날개

환원적인 해석학을 극복하는 해석학의 모범적인 예로서 뒤랑은 스승인 가스통 바슐라르의 현상학을 들고 있다.

바슐라르의 상상력 현상학은 상징을 심리적, 사회적 혹은 구조적 요소로 환원시키지 않으며, 작가의 전기적 삶으로도 환원시키지 않는다. 이는 독자가 상징의 꽃을 직접 따서 순진무구한 어린이의 마음으로 '시적인 울림(retentissement poétique)'을 경험하도록 하는 방법이다.151) 여기에는 시인의 상징적 이미지를 나의 것으로 삼는 역동적이고 적극적인 독자의 참여가 요구된다. 이때 시인의 존재는 나의 존재가 되며, 독자는 작가가 누렸던 '창조의 기쁨'에 동참하게 된다.152) 바슐라르는 우리에게 호소한다. "독자여, 이제는 그대가 나르라. 온 우주가 나는 운명을 향하고 있는데, 그대만 무기력하게 앉아 있을 것인가?"153)

낭만주의자들은 '알레고리'와 '상징'을 구분하여 이를 이원화하였다. 그들은 이 가운데 상징을 선호했다. 상징이 지닌 무한하고 따라서 해석하기 어려운 성격이 알레고리의 닫혀있고 확실한 성격과 대립하게 된 것이다. 오늘날 상징에 대해 연구하는 학자들은 알레고리 대신에 이를 기호로 대체하여 양자를 구분한다. 상징의 무궁무진한 성격과 기호 혹은 알레고리의 명확하고 일의적인 성격을 구분 짓는다.154)

물론 이 때의 '기호'는 매우 좁은 의미의 기호로서 기호학자들이 일반적으로 사용하는 개념과는 차이가 있다. '기호'는 기표와 기의에서 일대일 대응관계가 성립하는 것으로서, 예를 들면 빨간 신호등은 멈춤을 지칭한다는 식이다. 이런 기호에는 동물도 반응한다. 파블로프의 조건 반사가 그 예이다. 그러나 상징은 인간만의 고유한 현상이며 이 점에서 상징은 기호와 명확히 구분된다. 카시러는 기호와 상징이 두 개의 다른 세계에 속한 것이라고까지 말한다. 기호는 물리적 존재 세계의 일부이지만, 상징은 인간의 의미 세계의 일부라는 것이다.155)

하나의 이미지는 단순한 기호일 수 있고, 알레고리일 수도 있으며, 상징일 수도 있다. 가령 학교나 회사의 배지는 단순한 기호이다. 저울과 추를 들고서 죄를 판단하는 인물로써 정의를 나타낸다면 이는 알레고리이다. 상징은 인간의 감각으로는 지각할 수 없는 영역에 대해 그 감추어진 의미를 나타나게 만드는 재현이다. 개신교의 성찬식에서 사용되는 포도주와 빵은 그리스도의 피와 살에 대한 상징이다. 그리고 동일한 이미지가 보는(해석하는) 이에 따라서 기호일 수도 있으며 상징일 수도 있다. 고대인이 거석(巨石)을 통해 거룩함이 드러나는 것으로 보았다면, 그 거석이 현대의 이성주의자에게 동일한 의미로 다가오는 것은 아니다.

이성과 경험 중심의 서구 사상사는 상징파괴의 역사이며, 콩트의 유명한 실증주의 세 단계는 상징파괴의 세 단계이기도 하다. 이 세계에서 신비를 제거하고 지각으로 경험 가능한 세계에만 인식을 한정시킴으로써, 그리고 '명석판명'한 것, 명료한 것만을 추구함으로써 상징적 상상력의 영역은 점점 축소되었다. 융과 뒤랑 같은 학자는 이러한 현상을 현대의 비극으로 파악하고서 상징과 상징적 상상력을 재건을 통해 현대의 영적인 그리고 정신적인 위기 상황을 극복하고자 노력하였다.

우리는 현대를 이미지의 시대로 규정했다. 그런데 이미지 문명이 재앙이 되지 않기 위해서는 상징적인 깊이가 있는 이미지들로 채워져야 한다. 표피적인 의미에만 머물러 아무런 깊이 있는 의미를 환기시키지 못하는 기호적인 이미지가 아닌 상징적인 이미지가 '탈주술'의 근대 속에서 신비를 잃어버린 현대인에게 절실하게 요구되는 것이다. 오늘날의 이미지 문명은 현대인의 삶 속에 역동적으로 움직이고 존재를 변화시키는 살아 있는 상징을 회복해야 한다.

| 주 |

1) Régis Debray, *Vie et mort de l'image* (Paris: Gallimard, 1994), 9쪽 참조.
2) Susan Sontag, 『타인의 고통』(서울: 이후, 2004), 147쪽 참조.
3) 위의 책에서 재인용.
4) Ibid., 125-6쪽 참조.
5) W. H. T. Mitchell, 『아이코놀로지 : 이미지, 텍스트, 이데올로기』(서울: 시지락, 2005), 23쪽 참조.
6) Thorleif Boman, 『히브리적 사유와 그리스적 사유의 비교』(서울: 분도출판사, 1975), 91-100쪽 ; Gene Edward Veith. Jr, *State of the Arts* (Wheaton, Crossway Books, 1991), 155-60쪽 참조.
7) Gene Edward Veith. Jr, op. cit., 157쪽.
8) Régis Debray, op. cit., 18쪽.
9) George Bataille, 『에로스의 눈물』(서울: 문학과 의식, 2002), 19-20쪽.
10) Régis Debray, op. cit., 25쪽.
11) Ibid., 20쪽.
12) Ibid., 22쪽.
13) 이하의 논의에 대해서는 다음 문헌을 참조할 것 : Ibid., 제1장; Martin Joly, 『이미지와 기호』(서울: 동문선, 2004), 83쪽; Martin Joly, 『영상 이미지 읽기』(서울: 문예출판사, 1999), 23쪽.
14) R. G. Collingwood, 『상상과 표현』(서울: 고려원, 1996), 63쪽 참조. 플라톤의 예술관에 관해서는 다음 문헌도 참조할 것. 강손근, 「플라톤 미학에 있어서 '미메시스'에 관한 연구」 in 『철학논총』(새한철학회 논문집) 16, 1999년 2월. ; 강손근, 「플라톤 미학에 있어서 예술 비평의 원리에 관한 연구」 in 『철학논총』 19, 1999년 12월.

15) Platon, 『국가』 (서울: 서광사, 1997), 595a-5607d, 611- 39쪽 참조.
16) Ibid., 633-4쪽 참조.
17) 예를 들어 다음 문헌을 볼 것. Mark Edmundson, 『문학과 철학의 논쟁. 플라톤에서 데리다까지』 (서울: 문예출판사, 1996), 쪽13: "플라톤에게 있어서 시는 속임수였다. 인생의 목적이 영원한 진실을 추구하던 시기에 시는 모방의 모방을 제안하였기 때문이다. […] 플라톤은 문학예술의 주장에 대해서 잘 알고 있을 수도 있지만 그가 보기에 시는 균형이 잘 잡힌 영혼이나 올바른 상태를 창조하는 진정한 자리를 차지하고 있지 않았던 것이다. 플라톤이 자신의 유토피아를 계획했을 때 그는 그러한 유토피아의 벽 밖으로 시인을 추방해버렸다."
18) Platon, op. cit., 637쪽 참조.
19) Platon, Phaedrus, 245a. 이하 설명에 관해서는 Wladyslaw Tatarkiewicz, 『미학의 기본 개념사』(서울: 미술문화, 2001), 127-8쪽 참조.
20) Ibid., 130쪽 참조.
21) 『소피스테스』와 관련된 설명에 관해서는 다음 문헌을 참조할 것. Laurent Lavaud, L'Image (Paris: GF Flammarion, 1999) 55-58쪽.
22) Platon, 『소피스테스』(서울: 한길사, 2003), 235d-236c, 611-39쪽. 이 대화는 어린 테아이테토스와 연장자인 '엘레아에서 온 손님'이 나눈 내용이다. 이 손님은 "플라톤 사상의 대변자"로 추측되는 가상의 인물이다.
23) Wladyslaw Tatarkiewicz, op. cit., 132-5쪽 참조.
24) Martin Joly, 『이미지와 기호』(서울: 동문선, 2004), 70-72HDR 참조.
25) Richard Viladesau, 『신학적 미학. 상상력, 아름다움, 그리고 예술 속의 하나님』(서울: 한국신학연구소, 2001), 115쪽 참조.
26) Ibid., 116쪽 참조.
27) Ibid. 참조.
28) Ibid, 117쪽 참조.
29) John Meyendorff, Byzantine Theology (New York: Fordham

University Press, 1983), 45~46쪽 참조. 다마스쿠스의 요한은 다음과 같이 말했다. "이전에, 사람들은 육신이나 형체를 지니지 않으셨던 하나님을 결코 재현할 수가 없었다. 하나님이 육신을 입어 사람들과 함께 사셨기 때문에, 나는 하나님의 가시적인 측면[to horaton tou theou]을 재현(再現)할 수 있다. 나는 물질을 경배하지 않는다. 나는 나를 위하여 물질이 되셨고, 물질 속에 거처를 정하셨으며, 물질을 통하여 나의 구원을 성취하신 물질의 창조주를 경배하는 것이다." Ibid. 45~46쪽 참조.

30) 성상타파 논쟁에 대해서는 다음을 참조할 것. Gerardus van der Leeuw, 『종교와 예술』(서울: 열화당, 1988), 66-81쪽; John Meyendorff, op. cit., 제3장 "The Iconoclastic Crisis"; John Lowden, 『초기 그리스도교와 비잔틴 미술』(서울: 한길아트, 2003), 147-57쪽; Garret Green, *Imagining God. Theology and the Religious Imagination* (Grand Rapids: William B. Eerdmans Publishing Company, 1989) 91-100쪽.

31) Marie-José Mondzain, "L'image et la crise du jugement. Entretiens avec Marie-José Mondzain" in *Esprit* n° 233, Juin 1997, 152쪽 참조.

32) 칼뱅의 성상 및 조형예술관에 대해서는 Jean Calvin, *L'Institution chrétienne I et II* (Aix-en-Provence: Editions Kérygma, 1978), ch. XI, XII를 참조할 것.

33) Jacques Ellul, *La Parole humiliée* (Paris: Seuil, 1981), 203쪽.

34) 이에 대한 프란시스 쉐퍼의 설명에 대해서는 Francis A. Schaeffer, *Art & the Bible* (Downers Grove: IVP, 1973), 11-18쪽을 참조할 것. 비이스도 쉐퍼의 설명을 발전시키고 있다. Gene Edward Veith, Jr., op. cit., 33-38쪽 참조. 제2계명과 이미지에 관해서는 Hilary Brand & Adrienne Chaplin, Art and Soul (Cumbria: Solway, 1999), 79-85쪽도 참조할 것.

35) Reland Ryken, Culture in christian Perspective (Portland: Multnomah Press, 1986), 58쪽 : "형상을 만들어 그것을 섬기지 말라는 제2계명은 미술 그 자체에 대한 언급이 아니다. 그것은 우상숭배에 대한 정죄이다……"

36) Francis A. Schaeffer, 위의 책, 20-21쪽 참조. ; Gene Edward

Veith, Jr., 위의 책 36쪽 참조.
37) Martine Joly, op. cit., 72-74쪽 참조.
38) 이 점에서 다음 책들을 참조할 것. Garrett Green, Garret Green, *Imagining God. Theology and the Religious Imagination* ; Richard Viladesau,『신학적 미학. 상상력, 아름다움, 그리고 예술 속의 하나님』
39) 1996년 미국에서 '맥루한 르네상스 및 미디어 축제'가 열렸고, 1997년에 창간된 학술계간지『현대사상』(민음사) 창간호에서도 '맥루한 르네상스'를 특집으로 마련했다.
40) Marshall McLuhan,『미디어의 이해』(서울: 커뮤니케이션북스, 1997), 25-46쪽 참조. 맥루한의 이 표현에 대한 장 보드리아르의 해석에 대해서는 Jean Baudrillard, *La Société de consommation. Ses mythes et ses structures* (Paris: Denoël, 1991), 187-91쪽 ("Medium is Message.") 참조.
41) 맥루한은『미디어의 이해』에서 미디어의 종류에 따라 인류의 역사를 1) 구두 커뮤니케이션 시대 2) 문자 또는 필사 시대 3) 구텐베르크 시대 4) 전자 시대로 나눈다. 한편 마크 포스터Mark Poster는 정보양식의 세 단계를 다음과 같이 나누고 있다 : 1) 대면적이고 구어적으로 매개된 의사소통 2) 인쇄를 매개로 해서 글로 쓰인 의사소통 3) 전자적으로 매개된 의사소통. Mark Poster,『뉴미디어의 철학』(서울: 민음사, 1996), 22쪽.
42) Platon, Phèdre in *Le Banquet. Phèdre* (Paris: Garnier, 1964). Marshall McLuhan,『구텐베르크 은하계』(서울: 커뮤니케이션북스, 2003), 56-57쪽도 참조할 것. 플라톤의 '파르마콘'에 대해서는 김형효,『데리다의 해체 철학』(서울: 민음사, 1996), 제3장 "로고스와 <파르마콘>"(89-121쪽)을 참조할 것.
43) Eric A. Havelock, Preface to Plato (Cambridge, Mass.: Belknap Press of Harvard University, 1963). Walter J. Ong, Orality and Literacy. The Technologizing of the Word (London and New York, Methuen, 1995), 23-28쪽 참조.
44) Walter J. Ong, op. cit., 42쪽 이하 참조.
45) 같은 책 84쪽 참조.
46) 같은 책 162쪽 참조.

47) Marshall McLuhan, op. cit., 119-24쪽 참조.
48) William F. Fore, 『매스미디어 시대의 복음과 문화』(서울: 대한기독교서회, 1998), 67쪽 참조.
49) Pierre Babin, 『종교 커뮤니케이션의 새 시대』(칠곡: 분도출판사, 1993), 48쪽 참조.
50) Ibid. 참조.
51) Neil Postman, 『죽도록 즐기기』(서울: 참미디어, 1997), 50쪽에서 재인용.
52) 정보-컴퓨터에 의존하는 새로운 인간 유형을 규정하는 신조어로 '호모 일렉트로니쿠스'와 '호모 인포르마티쿠스'가 사용되고 있으며, '컴퓨터 세대'라는 말도 등장했다. A. И. Pak и tob, 『컴퓨터 혁명의 철학』(서울: 문예출판사, 1996), 263-271쪽과 281-90쪽 참조. '영상세대'라는 말도 사용되고 있다. 정근원, 「영상세대의 출현과 인식론의 혁명」 in 『세계의 문학』 1993년 여름 호 참조. 디지털 혁명이 패러다임 교체와 존재론적 격변으로 이어진다는 지적에 대해서는 김상환, 「디지털 혁명은 존재론적 혁명이다」 in 『예술가를 위한 형이상학』(서울: 민음사, 1999)도 참조할 것.
53) Gilbert Durand, *Les Structures anthropologiques de l'imaginaire* (Paris: Bordas, 1969), 15쪽 참조.
54) Gilbert Durand, *L'Imaginaire. Essai sur les sciences et la philosophie de l'image* (Paris: Hatier, 1994), 5-10쪽 참조.
55) Ibid., 5-6쪽 참조. 이 점에 대해서는 다음 문헌들도 참조할 것. Régis Debray, op. cit., 60쪽: "이미지는 참도 거짓도 아니며, 모순도 불가능도 아니다. 논증과 무관하기에 논박할 수 있는 것도 아니다."; 이봉재, 「이미지와 환상」 in 『매체의 철학』(서울: 나남출판, 1998), 238쪽: "하나의 확정적 의미, 확정된 지시체를 갖지 않기에 이미지는 참도 아니며 거짓도 될 수 없다. 참도 거짓도 아니기에 그것들은 모순될 수도 없고 동치일 수도 없다. 참과 거짓을 복수의 가능성으로서 허용하기 때문에 그것은 논쟁으로부터 아예 면제되어 있다."
56) Gilbert Durand, *L'Imaginaire. Essai sur les sciences et la philosophie de l'image*, op. cit., 5-10쪽 참조.
57) Werner Kroeber-Riel, 『영상 커뮤니케이션』(서울: 커뮤니케이

션북스, 2005), 3쪽.
58) Ibid., 4쪽.
59) Christiane Cadet et als, *La Communication par l'Image* (Paris: Nathan, 1990) 참조. 최근 우리나라에서도 이미지에 대한 중요성이 부각되면서 이미지 연구 학회들(영상문화학회, 문학과 영상학회, 문학과 영상연구회)이 결성되었으며, 이미지에 관한 많은 책들이 출간되고 있다. 이미지에 관한 문헌들에 대해서는 본고의 후반부에 있는 참고문헌을 참조할 것.
60) Marshall McLuhan, 『지구촌』 (서울: 커뮤니케이션북스, 2005), 63-73쪽 ("뇌의 좌·우반구와 동·서양의 만남"); Lyall Watson, 『생명조류』 (서울: 고려원, 1992), 198-207쪽("양분되어 있는 뇌").
61) 다음 내용에 대해서는 Gaëtane Chapelle, "Cerveau droit. Cerveau gauche", in *Sciences humaines* n° 97, août-septembre 1999, 51-52쪽을 참조할 것. Werner Kroeber-Riel, op. cit., 16-7쪽: "언어적 작업은 왼쪽 두뇌 반구뿐만 아니라, 오른쪽 두뇌 반구와도 관계된다. 두 두뇌 반구들은 언어 작업에 독특한 방식으로 관여한다. 예를 들면 왼쪽 뇌 반구는 구문론적 문장을 파악하고 단어를 먼저 해독하는데 관여하고, 오른쪽 뇌 반구는 무엇보다도 감성적 색상에 관여한다. 마찬가지로 영상적 표현의 작업에도 두 뇌반구들이 관여한다. 사고 작업은 두 뇌반구들과 분리될 수 없는 통합작용에 의해서 생긴다."
62) Walter J. Ong, op. cit., 135쪽 참조.
63) Régis Debray, op. cit., 222쪽: "우리는 어떤 '미디어 영역(médiasphère)'도 다른 미디어 영역을 몰아내지 않으며, 또 미디어 영역들이 어떻게 서로 중첩되며, 서로 얽히는지를 이미 알고 있다. 그것들은 단절되기보다는, 주도권의 계주를 통해 연속적으로 지배권을 이어간다." ; Mark Poster, 『제2미디어 시대』 (서울: 민음사, 1998), 39쪽: "한 시대를 새로 끼워 넣는 것은 한 상태에서 다른 상태로 이행해 가는 것이 아니라 일종의 복잡화, 그러니까 하나의 구조가 다른 구조와 접하는 것이며 같은 공간 속에서 서로 다른 원리들이 다층적이고 복합적으로 얽히는 것이다. 시대와 시대는 서로 계승하는 것이 아니라 뒤엉기는 것이며, 한 시대가 다른 시대를 대체하는

것이 아니라 보충하는 것이고, 이어지는 것이 아니라 동시에 일어나는 것이다."
64) 인쇄(활자) 매체가 사라지고 새로운 형태의 책(예를 들어 e-book)이 종이책을 대체할 수는 있다. 그러나 이 경우에도 문자 문화 자체가 사멸하는 것은 아니다. 따라서 문자 문화와 활자 문화, 텍스트와 책은 구분되어야 한다.
65) 이 점에 대해서는 도정일, 「영상시대의 문학의 힘과 가능성」 in 『현대문학』 1998년 1월호를 참조할 것. "비유장치들 중에서 직유는 영상의 경우 완벽한 절망이며, 영상의 은유적 사용은 불가능하지는 않으나 그 사용범위와 효과는 문자언어의 가능성에 비하면 몹시 협소하고 지난하다."(55-56쪽); "내부성의 묘사나 서술은 직유의 경우와 마찬가지로 영상의 절망이다. 영상의 전문 영역은 외부성(exteriority)이지 내부성(interiority)이 아니기 때문이다."(59쪽)
66) Régis Debray, op. cit., 355쪽 참조.
67) Gilbert Durand, op. cit., 77쪽 참조.
68) Martine Joly, 『영상 이미지 읽기』 (서울: 문예출판사, 1999), 33쪽 참조.
69) 물론 영상 매체 자체가 그러하다는 말은 아니며, 모든 동영상이 그러하다는 말도 아니다. 예를 들어 타르코프스키나 쿠로자와 그리고 배용균 감독의 영화에 나타나는 롱 테이크(long take) 기법에 의한 느릿느릿한 상징적 이미지들은 관객들에게 깊이 성찰할 수 있는 계기를 마련해 준다.
70) 가령 톨킨의 『반지의 제왕』 경우, 소설 작품을 읽은 독자들의 상상력 속에 '간달프'라는 작중 인물의 이미지는 조금씩 달리 각인되어 있을 것이다. 하지만 이 작품이 영화화된 후 간달프는 우리 머릿속에 이안 멕켈런이 배역을 맡은 간달프로 고정되어 있다.
71) Gilbert Durand, op. cit., 78쪽 참조.
72) Pierre Bourdieu, *Sur la Télévision* (Paris: Liber, 1996), 14쪽 참조.
73) 여기서 특별히 관련되어 있는 매체는 텔레비전이다. 그리고 텔레비전의 핵심은 '시청률'이다. 높은 시청률이 확보되지 않으면 텔레비전은 존속할 수 없다. 인터넷에 대해서는 전혀 다른 성격의 논의가 가능할 수 있다. 이 점에 대해서는 다음

장에서 언급하는 제1미디어 시대와 제2미디어 시대 구분을 참조할 것.
74) Gilbert Durand, *L'Imagination symbolique* (Paris: PUF, 1989), 21-22쪽 참조.
75) Jean Baudrillard, *La Transparence du mal* (Paris: Galilée, 1985), 25쪽 참조.
76) Karl Künstle, 「기독교 미술의 상징과 도상학」 in 『도상학과 도상해석학』(서울: 사계절, 2000), 74쪽 참조.
77) 피에르 레비의 저작에 대해서는 다음 문헌을 참조할 것. Pierre Lévy, 『사이버 문화』(서울: 문예출판사, 2000); 『집단지성: 사이버 공간의 인류학을 위하여』(서울: 문학과지성사, 2002); 『누스페어』(서울: 생각의 나무, 2003).
78) Daniel Bougnoux, "Il ne faut pas avoir peur des images" in *Sciences humaines* No.43, décembre 2003/janvier 2004, hors-série, 66-68쪽.
79) Gilbert Durand, *L'Imaginaire. Essai sur les sciences et la philosophie de l'image*, op. cit., 77쪽 참조.
80) 피터 위어가 감독을 맡고 해리슨 포드가 주연한 영화 「위트니스(Witness)」(1985)는 펜실베이니아의 아미쉬 공동체를 배경으로 삼은 영화이다.
81) Neil Postman, 『죽도록 즐기기』(서울: 참미디어, 1997), 217쪽.
82) Ibid., 220쪽.
83) Mark Poster, 『제2미디어 시대』(서울: 민음사, 1998), 9-11쪽, 34-40쪽 참조.
84) Michel Maffesoli, 『현대를 생각한다. 이미지와 스타일의 시대』(서울: 문예출판사, 1997), 56쪽.
85) Leonard Shlain, 『알파벳과 여신』(서울: 파스칼북, 2004), 606쪽.
86) Neil Postman, op. cit., 211쪽.
87) Robert Lenoble, *Histoire de l'Idée de Nature* (Paris: Albin Michel, 1969), 312쪽.
88) Charles Baudelaire, "Correspondances" in 『악의 꽃』, 김붕구 역, (서울: 민음사, 2004), 75쪽. 우리는 Pléiade 총서로 출간된 보들레르 작품을 참조하였으나, 번역시의 경우 김붕구의 번역

문을 따르되, 김붕구가 번역한 앞의 책(선집)에서 수록되지 않은 시는 윤영애 역(문학과 지성사 역간)을 따르기로 한다. 다만, 시의 부분 부분을 본문 가운데 다룰 때는 우리가 직접 번역하였다.

89) 유평근,「'相應' 해석 시도」in 정현종 외,『시의 이해』(서울: 민음사, 1997), 75쪽.
90) Charles Baudelaire, *Œuvres complètes II* (Paris: Gallimard, 1976), 59쪽.
91) Ibid., 133쪽.
92) Ibid., 134쪽 참조.
93) Henri Peyre, *Qu'est-ce que le Symbolisme?* (Paris: PUF, 1974), 45쪽에서 재인용.
94) Charles Baudelaire, "L'Albatros" in 『악의 꽃』, 김붕구 역, 18쪽.
95) Charles Baudelaire, "Bénédiction" in 『악의 꽃』, 윤영애 역 (서울: 문학과 지성사, 2003), 44쪽.
96) Charles Baudelaire, "Elévation" in *Œuvres complètes I* (Paris: Gallimard, 1975), 10쪽. 앞으로 보들레르의 플레이아드 총서 전집 I은 그냥 I로, 전집 II는 II로 표기하기로 하자.
97) Dominique Rincé,『보들레르와 시의 현대성』(서울: 탐구당, 1987), 157-8쪽 참조. 이 세 편의 시 중에서 한 번은 '상징적 (symbolique)'이라는 형용사를 사용하였다.
98) Hazard Adams, *Philosophy of literary Symbolic* (Tallahassee: A Florida State University Book, 1983), 47쪽 참조.
99) 이 번역문을 위해서 우리는 다음을 참조하였다 : Ibid., 56-57 쪽 ; Baudouin Decharneux et Luc Nefontaine, *Le Symbole* (Paris: PUF, 1998), 75쪽.
100) Hazard Adams, op. cit., 47쪽 참조.
101) 김기봉,『프랑스 상징주의와 시인들』(서울: 소나무, 1999), 78-79쪽 참조.
102) Guy Michaud, *Le Symbolisme tel qu'en lui-même* (Paris: Nizet, 1995), 32쪽 ; Dominique Rincé, op. cit., 156쪽 ; 이진성,『샤를르 보들레르. 유추와 상상력의 시인』(서울: 건국대학교 출판부, 2003), 131-6쪽 참조.
103) I, 430쪽.

104) II, 132-3쪽.
105) Octavio Paz, 『흙의 자식들 외』 (서울: 솔, 1999), 90-91쪽.
106) 이하 논의에 대해서는 Ibid., 89쪽 이하 참조.
107) Ibid., 90-91쪽에서 재인용.
108) Ibid., 91-92쪽 참조.
109) 김붕구, 『보들레에르. 평전·미학과 시세계』 (서울: 문학과 지성사, 1997), 433쪽 참조.
110) 유평근, op. cit., 75쪽 참조.
111) Dominique Rincé, op. cit., 159쪽 이하 참조.
112) Charles Chadwick, *Symbolism* (London: Methuen & Co Ltd, 1970), 3, 11쪽 참조.
113) 같은 책 11쪽 참조. 채드윅은 베를렌의 경우엔 초월적 상징주의 국면이 결여되어 있다고 주장한다. Ibid., 19쪽 참조. 한편, 유평근은 이러한 견해에 대해 찬동하지 않는다 : "우리는 상징주의가 터 닦고 있는 상응의 근본정신이 개인 또는 초월 어느 한 편의 부각이 아니라, 그 둘의 온전한 융합에 있음을 밝혔다". 유평근, op. cit., 80쪽.
114) Dominique Rincé, op. cit., 161쪽 참조. 이 점은 보들레르의 시 「머릿결(La Chevelure)」에서 뚜렷이 드러나고 있다고 랭세는 주장한다.
115) 이상 세 개의 정의에 관해서는 cf. Gilbert Durand, *L'Imagination symbolique* (Paris: PUF, 1989), 13쪽 참조.
116) Mircea Eliade, *Méphistophélès et l'Androgyne* (Paris: Gallimard, 1962), 296쪽.
117) 융 원형 개념의 진보를 이해하기 위해서는 다음의 문헌들을 참조할 것. Charles Baudouin, *L'Œuvre de Jung* (Paris: Payot, 1963. rééd. 1993), 183-5쪽 ; Jolande Jacobi, *Complex/Archetype/Symbol in the Psychology of C. G. Jung* (London: Routledge & Kegan Paul, 1959), 33-39쪽 ; Jolande Jacobi, *La Psychologie de C. G. Jung* (Lausanne: Edition de Mont-Blanc, 1964), 72-74쪽 ; Elie G. Humbert, "Des organisateurs inconscients. L'Idée d'archétype selon C. G. Jung" in *Cahiers de Psychologie jungienne* n°32, 1982, 13-28쪽. [이 글은 이듬해 출간된 저서에 일부 변형된 형태로 재 수록되었다. Elie G. Humbert, *Jung* (Paris:

Editions Universitaires, 1983)} ; Andrew Samuels, *Jung and Post-Jungians* (London and New York: Talvistock/Routledge, 1985), 24-25쪽 ; Roger Brooke, *Jung and Phenomenology* (London and New York: Routledge, 1993), 136-60쪽 ; Andrew Samuels et als., *A Critical Dictionary of Jungian Analysis* (London and New York: Routledge, 1993), 26-28쪽.

118) 이는 이전에도 그러한 측면이 어느 정도는 존재했음을 뜻한다.

119) C. G. Jung, *Métamorphoses de l'Ame et ses Symboles* (Genève: Librairie de l'Université, 1978), 274쪽.

120) C. G. Jung, *Les Racines de la Conscience* (Paris: Buchet/Chastel, 1982), 539쪽.

121) Jolande Jacobi, *Complex/Archetype/Symbol in the Psychology of C. G. Jung* (London: Routledge & Kegan Paul, 1959), 35쪽 ; Jolande Jacobi, *La Psychologie de C. G. Jung*, op. cit., 73쪽 참조.

122) Jolande Jacobi, *Complex/Archetype/Symbol in the Psychology of C. G. Jung*, op. cit., 35쪽 참조.

123) Ibid., 120쪽 참조.

124) Ibid., 74쪽 참조.

125) Ibid., 76쪽 참조.

126) C. G. Jung, *Psychological Types* (Princeton: Princeton University Press, 1990), 474쪽.

127) C. G. Jung, *L'Homme à la découverte de son âme* (Paris: Albin Michel, 1987), 262쪽.

128) C. G. Jung et als., *Man and his Symbols* (N.Y.: Anchors Books, 1964), 21쪽 참조.

129) 김성민, 『융의 심리학과 종교』 (서울: 동명사, 2003), 184-5쪽 참조.

130) C. G. Jung, *Métamorphoses de l'Ame et ses Symboles* (Genève: Librairie de l'Université, 1978), 155쪽.

131) C. G. Jung, *Psychological Types*, op. cit., 473쪽.

132) C. G. Jung, *Problème de l'âme moderne* (Paris: Buchet/Chastel, 1961), 92쪽.

133) C. G. Jung, *Psychological Types*, op. cit., 474쪽.

134) 이부영,『분석심리학. C. G. Jung의 인간심성론』(서울: 일조각, 2000), 301쪽 참조.
135) B. Decharneux et L. Nefontaine, *Le Symbole* (Paris: PUF, 1998), 85쪽 참조.
136) C. G. Jung, *Psychological Types*, op. cit., 474쪽.
137) Jolande Jacobi, *Complex/Archetype/Symbol in the Psychology of C. G. Jung*, op. cit., 85쪽.
138) W. B. Clift,『융의 심리학과 기독교』(서울: 대한기독교출판사, 1987), 85쪽 참조.
139) C. G. Jung, *Psychological Types*, op. cit., 126쪽.
140) Ysé Tardan-Masquelier, *C. G. Jung. La sacralité de l'expérience intérieure* (Paris: Droguet & Ardant, 1992), 126쪽.
141) C. G. Jung, *Aïon* (Paris: Albin Michel, 1983), 198쪽.
142) '새로운 상징'에 대해서는 C. G. Jung, *Psychological Types*, op. cit., 478쪽을 참조할 것.
143) Henry Corbin, *L'Imagination créatrice dans le Soufisme d'Ibn Arabî* (Paris: Aubier, 1993), 19쪽 참조. 프랑스어 'déchiffrer'는 '해독하다', '연주하다' 둘 다를 의미한다.
144) Gilbert Durand, op. cit., 14쪽 참조. 뒤랑은 이들 비유들(paraboles)의 총체가 '진정한 상징적 신화'를 형성하고 있다고 지적한다.
145) Ibid., 15쪽 이하 참조.
146) Jean Chevalier et al., *Dictionnaire des Symboles* (Robert Laffont/Jupiter, 1982), 437쪽 "feu" 참조.
147) Louis K. Dupré,『종교에서의 상징과 신화』(서울: 서광사, 1996), 48쪽 참조.
148) Paul Ricœur, "Le symbole donne à penser." in *Esprit*, juillet-août 1959.
149) Gilbert Durand, op. cit., 45쪽 참조.
150) Ibid., 54쪽 이하 참조.
151) Ibid., 75쪽 참조. 바슐라르는 '울림'과 '반향(résonnance)'을 구분한다. cf. Gaston Bachelard, *La Poétique de l'Espace* (Paris: Quadrige/PUF, 1983), 6쪽 : "반향 속에서 우리는 시를 듣는다. 울림 속에서 우리는 우리 자신이 시를 말한다. 시는 우

리의 것이다." '울림'은 독자의 영혼 속까지 시적 창조를 일깨우는 것이다. (7쪽)
152) Ibid., 6, 10쪽 참조.
153) Gaston Bachelard, *La Poétique de la Rêverie* (Paris: PUF, 1974), 179쪽.
154) Tzvetan Todorov, *Symbolisme et interprétation* (Paris: Seuil, 1978), 16, 76쪽 참조.
155) Ernst Cassirer, *An Essay on Man: An Introduction to a Philosophy of Human Culture* (Bantam Books, 1970), 59쪽 참조.

참고문헌

1. 이미지에 관하여

강손근, 「플라톤 미학에 있어서 '미메시스'에 관한 연구」 in 『철학논총』 (새한철학회 논문집) 16, 1999년 2월.
_____, 「플라톤 미학에 있어서 예술비평의 원리에 관한 연구」 in 『철학논총』 19, 1999년 12월.
권중운 편역, 『뉴미디어 영상미학』 (서울: 민음사, 1994).
김상환, 『예술가를 위한 형이상학』 (서울: 민음사, 1999).
김상환 외, 『매체의 철학』 (서울: 나남출판, 1998).
김인식 편역, 『이미지와 글쓰기. 롤랑 바르트의 이미지론』 (서울: 세계사, 1998).
김형효, 『데리다의 해체 철학』 (서울: 민음사, 1996).
도정일, 「영상시대의 문학의 힘과 가능성」 in 『현대문학』 1998년 1월호.
배영달, 『보드리야르와 시뮬라시옹』 (서울: 살림, 2005).
유평근·진형준, 『이미지』 (서울: 살림, 2001).
영상문화학회, 『이미지는 어떻게 살고 있는가』 (서울: 생각의 나무, 1999).

정근원, 「영상세대의 출현과 인식론의 혁명」 in 『세계의 문학』 1993년 여름호.

최혜실 엮음, 『디지털 시대의 문화 예술』 (서울: 문학과 지성사, 1999).

Pierre Babin, 『종교 커뮤니케이션의 새 시대』 (칠곡: 분도출판사, 1993).

_____, 『디지털 시대의 종교』 (서울: pcline, 2000).

Jean Baudrillard, La Transparence du mal (Paris: Galilée, 1985).

_____, La Société de consommation. Ses mythes et ses structures (Paris: Denoël, 1991).

Thorleif Boman, 『히브리적 사유와 그리스적 사유의 비교』 (서울: 분도출판사, 1975).

Pierre Bourdieu, Sur la Télévision (Paris: Liber, 1996).

Daniel Bougnoux, "Il ne faut pas avoir peur des images" in Sciences humaines No.43, décembre 2003/janvier 2004, hors-série.

Hilary Brand & Adrienne Chaplin, Art and Soul (Cumbria: Solway, 1999).

Jean Calvin, L'Institution chrétienne I et II (Aix-en-Provence: Editions Kérygma, 1978).

R. G. Collingwood, 『상상과 표현』 (서울: 고려원, 1996).

Régis Debray, Vie et mort de l'image (Paris: Gallimard, 1994).

Gilles Deleuze, 『감각의 논리』 (서울: 민음사, 1999).

Gilbert Durand, Les Structures anthropologiques de l'imaginaire (Paris: Bordas, 1969).

_____, L'Imagination symbolique (Paris: PUF, 1989).

_____, L'Imaginaire. Essai sur les sciences et la philosophie de l'image (Paris: Hatier, 1994).

Mark Edmundson, 『문학과 철학의 논쟁. 플라톤에서 데리다까지』 (서울: 문예출판사, 1996).

Jacques Ellul, *La Parole humiliée* (Paris: Seuil, 1981).

Vilém Flusser, 『디지털시대의 글쓰기』 (서울: 문예출판사, 1998).

Garret Green, *Imagining God. Theology and the Religious Imagination* (Grand Rapids: William B. Eerdmans Publishing Company, 1989).

Eric A. Havelock, *Preface to Plato* (Cambridge, Mass.: Belknap Press of Harvard University Press, 1963).

Michael Heim, 『가상현실의 철학적 의미』 (서울: 책세상, 1997).

Karl Künstle, 「기독교 미술의 상징과 도상학」 in 『도상학과 도상해석학』 (서울: 사계절, 2000).

Martin Joly, 『영상 이미지 읽기』 (서울: 문예출판사, 1999).

_____, 『이미지와 기호』 (서울: 동문선, 2004).

Werner Kroeber-Riel, 『영상 커뮤니케이션』 (서울: 커뮤니케이션북스, 2005).

Laurent Lavaud, *L'Image* (Paris: Flammarion, 1999).

Pierre Lévy, 『사이버 문화』 (서울: 문예출판사, 2000).

_____, 『집단지성: 사이버 공간의 인류학을 위하여』 (서울: 문학과지성사, 2002).

_____, 『누스페어』 (서울: 생각의 나무, 2003).

Gerardus van der Leeuw, 『종교와 예술』 (서울: 열화당, 1988).

John Lowden, 『초기 그리스도교와 비잔틴 미술』 (서울: 한길아트, 2003).

Marshall McLuhan, 『구텐베르크 은하계』 (서울: 커뮤니케이션북스, 2003).

_____, 『미디어의 이해』 (서울: 커뮤니케이션북스, 1997).

_____, 『지구촌』 (서울: 커뮤니케이션북스, 2005).

Michel Maffesoli, 『현대를 생각한다. 이미지와 스타일의 시대』 (서울: 문예출판사, 1997).

John Meyendorff, *Byzantine Theology* (New York: Fordham University Press, 1983).

W. H. T. Mitchell, 『아이코놀로지: 이미지, 텍스트, 이데올로기』 (서울: 시지락, 2005).

Marie-José Mondzain, "L'image et la crise du jugement. Entretiens avec Marie-José Mondzain" in *Esprit* n° 233, Juin 1997.

Walter J. Ong, *Orality and Literacy. The Technologizing of the Word* (London and New York, Methuen, 1995).

Platon, *Le Banquet. Phèdre* (Paris: Garnier, 1964).

_____, 『국가』 (서울: 서광사, 1997).

_____, 『소피스테스』 (서울: 한길사, 2003).

Mark Poster, 『뉴미디어의 철학』 (서울: 민음사, 1994).

_____, 『제2미디어 시대』 (서울: 민음사, 1998).

Neil Postman, 『죽도록 즐기기』 (서울: 참미디어, 1997).

_____, 『테크노폴리』 (서울: 민음사, 2001).

A. И. Pak и tob(라키토프), 『컴퓨터 혁명의 철학』 (서울: 문예출판사, 1996).

Hans R. Rookmaaker, 『현대 예술과 문화의 죽음』 (서울: IVP, 1993).

Reland Ryken, *Culture in christian Perspective* (Portland: Multnomah Press, 1986).

Francis A. Schaeffer, *Art & the Bible* (Downers Grove: IVP, 1973).

Quentin J. Schultze, 『거듭난 텔레비전』 (서울: IVP, 1996).

Susan Sontag, 『타인의 고통』 (서울: 이후, 2004).

Wladyslaw Tatarkiewicz, 『미학의 기본 개념사』 (서울: 미술문화, 2001).

Leonard Shlain, 『알파벳과 여신』 (서울: 파스칼북, 2004).

Joël Thomas dir., *Introduction aux méthodologies de l'imaginaire* (Paris: Ellipses, 1998).

Gene Edward Veith Jr, *State of the Arts* (Wheaton, Crossway Books, 1991).

Richard Viladesau, 『신학적 미학. 상상력, 아름다움, 그리고 예술 속의 하나님』 (서울: 한국신학연구소, 2001).

Lyall Watson, 『생명조류』 (서울: 고려원, 1992).

2. 상징, 보들레르, 융

김기봉, 『프랑스 상징주의와 시인들』 (서울: 소나무, 1999).

김붕구, 『보들레에르. 평전·미학과 시세계』 (서울: 문학과 지성사, 1997).

김상환, 「상징」in 우리 사상 연구소 엮음, 『우리말 철학사전 2』 (서울: 지식산업사, 2002).

김성민, 『융의 심리학과 종교』 (서울: 동명사, 2003).

유평근, 「'相應' 해석 시도」 in 정현종 외, 『시의 이해』 (서울: 민음사, 1997).

이부영, 『분석심리학. C. G. Jung의 인간심성론』 (서울: 일조각, 2000).

이진성, 『샤를르 보들레르. 유추와 상상력의 시인』 (서울: 건국대학교출판부, 2003).

Hazard Adams, *Philosophy of literary Symbolic* (Tallahassee: A Florida State University Book, 1983).

Gaston Bachelard, *La Poétique de l'Espace* (Paris: Quadrige/PUF, 1983).

Gaston Bachelard, *La Poétique de la Rêverie* (Paris: PUF, 1974).

Charles Baudouin, *L'Œuvre de Jung* (Paris: Payot, 1963. rééd. 1993).

Charles Baudelaire, *Œuvres complètes I* (Paris: Gallimard, 1975).

_____, *Œuvres complètes II* (Paris: Gallimard, 1976).

_____, 『악의 꽃』, 김붕구 역, (서울: 민음사, 2004).

_____, 『악의 꽃』, 윤영애 역 (서울: 문학과 지성사, 2003).

Roger Brooke, *Jung and Phenomenology* (London and New York: Routledge, 1993).

Charles Chadwick, *Symbolism* (London: Methuen & Co Ltd, 1970).

Jean Chevalier et al., *Dictionnaire des symboles* (Robert Laffont/Jupiter, 1982).

W. B. Clift, 『융의 심리학과 기독교』 (서울: 대한기독교출판사, 1987).

Henry Corbin, *L'Imagination créatrice dans le soufisme d'Ibn Arabî* (Paris: Aubier, 1993).

Baudouin Decharneux et Luc Nefontaine, *Le Symbole* (Paris: PUF, 1998).

Louis K. Dupré, 『종교에서의 상징과 신화』 (서울: 서광사, 1996).

Gilbert Durand, *Les Structures anthropologiques de l'imaginaire. Introduction* à l'archétypologie générale (Paris : Bordas, 1969).

_____, Imagination symbolique (Paris: Quadrige/PUF, 1989).

_____, Science de l'homme et tradition. Le nouvel esprit anthropologique (Paris: L'Ile Verte/Berg International, 1979).

_____, Beaux-arts et archétypes (Paris: PUF, 1989).

_____, "Archétype et mythe" in A. Akoun dir., Mythes et croyances du monde entier. Tome V (Paris: Lidis-Brepols, 1985).

Mircea Eliade, Méphistophélès et l'androgyne (Paris: Gallimard, 1962).

_____, The Myth of the Eternal Return or Cosmos and History (Princeton: Princeton University Press, 1991).

_____, Traité d'histoire des religions (Paris: Payot, 1983).

_____, "Entretien avec Le Monde" in Entretiens avec Le Monde 4. Civilisations (Paris: Editions La Dédouverte/Le Monde, 1984).

Elie G. Humbert, "Des organisateurs inconscients. L'Idée d'archétype selon C. G. Jung" in Cahiers de Psychologie jungienne n°32, 1982.

_____, Jung (Paris: Editions Universitaires, 1983).

Jolande Jacobi, Complex/Archetype/Symbol in the Psychology of C. G. Jung (London: Routledge & Kegan Paul, 1959).

_____, La Psychologie de C. G. Jung (Lausanne: Edition de Mont-Blanc, 1964).

Carl Gustav Jung, Psychological Types (Princeton: Princeton University Press, 1990).

_____, Les Racines de la conscience (Paris: Buchet/Chastel, 1982).

_____, Aïon (Paris: Albin Michel, 1983)

_____, Problèmes de l'âme moderne (Paris: Buchet/Chastel, 1984).

_____, *L'Homme à la découverte de son âme* (Paris: Albin Michel, 1987)

_____, Jung, *Métamorphoses de l'âme et ses symboles* (Genève: Librairie de l'Université, 1978).

Carl Gustav Jung et Charles Kerényi, *Introduction à la mythologie* (Paris: Payot, 1993).

C. G. Jung et als., *Man and his Symbols* (N.Y.: Anchors Books, 1964).

Robert Lenoble, *Histoire de l'idée de nature* (Paris: Albin Michel, 1969).

Guy Michaud, *Message poétique du symbolisme* (Paris: Nizet, 1947).

_____, *Le Symbolisme tel qu'en lui-même* (Paris: Nizet, 1995).

Octavio Paz, 『흙의 자식들 외』 (서울: 솔, 1999).

Henri Peyre, *Qu'est-ce que le symbolisme?* (Paris: PUF, 1974).

Paul Ricœur, "Le symbole donne à penser." in *Esprit*, juillet-août 1959.

Dominique Rincé, 『보들레르와 시의 현대성』 (서울: 탐구당, 1987).

Robin Robertson, *Jungian Archetypes. Jung, Gödel, and the History of Archetypes* (York Beach: Nicolas-Hays, 1995).

Andrew Samuels, *Jung and Post-Jungians* (London and New York: Talvistock/Routledge, 1985).

Andrew Samuels et als., *A Critical Dictionary of Jungian Analysis* (London and New York: Routledge, 1993).

Ysé Tardan-Masquelier, *C. G. Jung. La sacralité de l'expérience intérieure* (Paris: Droguet & Ardant, 1992).

Tzvetan Todorov, *Symbolisme et interprétation* (Paris: Seuil, 1978).

이미지와 상징

지은이 : 송태현
편 집 : 김분정
표지디자인 : 윤상
출 력 : (주)정문사아트컴
인 쇄 : 오양인쇄
제 본 : 과성제책
진 행 : 김경애
펴낸이 : 강인중
펴낸곳 : 라이트 하우스
출판등록 : 1995.2.24 제10-1118호
주 소 : 서울 마포구 마포동 35-1 현대빌딩 1114호
전 화 : (02)711-7436
팩 스 : (02)719-8451
이메일 : ikstudd@naver.com

초판 1쇄 발행 : 2005. 11. 21
초판 2쇄 발행 : 2010. 04. 28

ISBN 89-953405-7-6-03600

값 8,000원

잘못된 책은 교환해 드립니다.